DES AVIONS
AUX AUTOMOBILES ......

.....LE GENIE DE
JANOIR

PAR
J P MERRINGTON

LES AMIS DE
DELAGE

Traduit du texte anglais par **Stephen Smith** et **Jean Lamiré**

ISBN 978-0-9927323-1-8

Publié par **Brancepeth Books**.   Produit par **Peter Cargill**

SOMMAIRE

Introduction

achat d'une automobile de nos jours n'a rien d'extraordinaire, à moins qu'il s'agisse d'une Delage de 1926 avec une carrosserie fabriquée à ris et qui se révèle rare et fascinante.

nateur de voitures sportives depuis mon plus jeune âge, j'ai acquis cette automobile afin de pouvoir partager ce plaisir avec les petits-fants, même si j'aime bien les bonnes vieilles deux-places! La Delage fut vendue aux enchères à Genève en 1999, et ensuite importée en gleterre avant de changer de propriétaire à plusieurs reprises, sa valeur augmentant au fur et à mesure! Une belle torpédo D1, série 5 de CV, avec une carrosserie tout-temps transformable. La plaque indiquait qu'il s'agissait d'une 'Transformable Métallique' Janoir, Paris. mais est tout.

s petits enfants: Tom et Olivia

Une première réponse est venue de Patrick Delage, arrière petit-fils de Louis Delage et ancien Président des Amis de Delage, m'assurant que ce véhicule était 'rare et intéressant' et m'ayant donné quelques informations sur Janoir, j'ai vite 'pris la mouche'! J'ai donc adhéré aux Amis et ai commencé mes recherches sur ce carrossier hors pair qui avait apposé sa plaque sur cette automobile.

Les huit années de recherches qui ont suivi m'ont fait parcourir, avec mon épouse Jeanne, la Suisse, la France, l'Allemagne, l'Espagne et les Pays Bas, traversant les Alpes et les Pyrénées, quasiment toute l'Europe, dans cette vieille Delage à l'affût des toutes informations précieuses par ci et par là.

Jean à Paris avec Patrick Delage

ant réussi à localiser la famille du premier propriétaire à Oloron, aux pieds des Pyrénées, mes cherches m'ont conduit à rencontrer la famille Janoir à l'autre bout de la France.

istoire de cet homme, pionnier de l'aviation et qui est devenu constructeur automobile par la suite, s'est déroulée devant moi. En tant ancien journaliste, je me devais la raconter. *Jim Merrington*

La Delage DI 5   Janoir
'Transformable Métallique'-1926

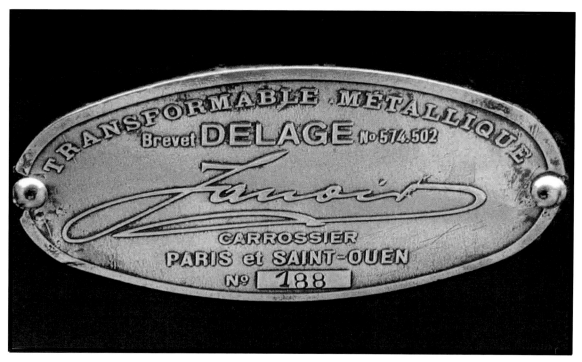

Preface

Dans le années 20, Louis Janoir, aviateur pionnier et constructeur d'avions, a mis en œuvre la construction d'une carrosserie automobile en adoptant les caractéristiques de son avion monocoque préféré. A la place d'une ossature en bois revêtue de tôle, il a réalisé une structure entièrement en aluminium l'associant ainsi au châssis. De ce fait tout, l'ensemble était en métal. Nous avions le précurseur de la voiture moderne. Si peu d'exemple ont survécu, sa légende perdure.

Cette histoire inédite de Janoir, de l'aéronautique à l'automobile, reste concentré sur ce type de carrosserie unique, dite la 'Transformable Métallique', que nombreux considèrent constituer la genèse même de la construction de l'automobile moderne.

Seulement trois exemplaires sur châssis Delage sont répertoriés-en France, en Angleterre et aux Pays Bas - ou une restauration complète et mise à nue permet de voir cette structure unique à nouveau.

LOUIS JANOIR ....
DES AVIONS AUX AUTOMOBILES

975. JANOIR, sur son monoplan Bonnet-Labranche, moteur Vial, 5o chevaux

1910, Janoir acheta son premier aéroplane

Janoir L'Aviateur

Né le 2 août 1885 à Lugny, Saône et Loire, dont son père fut Maire, le jeune Louis s'est révélé comme un enfant intelligent et renonçant à la tradition familiale d'agriculteur. Doué, il devient boursier à 16 ans des Arts et Métiers de Châlons sur Marne, école prestigieuse d'ingénieurs où il allait bientôt rencontrer et faire partie d'un groupe de brillants élèves dont, Voisin et Béchereau, avec qui il s'allia plus tard. Promu en 1901, il s'est mis à chercher un emploi comme ingénieur.

Il rentre chez Kellner, constructeur d'hippomobiles de longue date et dès lors converti à la réalisation de carrosseries de toutes sortes pour automobiles. Janoir apprend le métier et accroit son expertise chez d'autres constructeurs améliorant sans cesse ses prouesses techniques et expérimentant tout le temps. Cependant, un autre ingénieur, un certain Louis Blériot, faisait des essais similaires non pas avec des automobiles mais avec des 'machines volantes'. Pour Janoir, c'était le changement d'orientation.

Photo d'en face: plus tard, Janoir avoua sa grande passion pour l'aviation, mais hélas il lui manqua les moyens pour acheter de nouveaux pneus pour le train d'atterrissage!

Il tourna son attention vers l'aéronautique, industrie naissante, et chercha à rentrer chez ces petites entreprises débutantes dans la construction et le développement de ces nouvelles machines. Il effectua son premier vol sur Antoinette à Mourmelon, près de Chalons, à l'école de pilotage du constructeur où se trouvait sans doute l'un des premiers simulateurs conçu dans la moitié d'un tonneau.

Probablement le premier simulateur de vol

Avant fin-1909, il acquérait son premier avion suite à un héritage modeste de son père. Il décrocha un emploi chez un constructeur, les frères Albert et Emilio Bonnet-Labranche, comme directeur de leur école de pilotage à Camp de Cercottes, près d'Orléans et aux commandes d'une ABL.

Le 17 juillet 1911 à Orléans Janoir obtient son brevet de pilote (numéro 553), ainsi que son brevet de pilote militaire (226). On apprendra qu'il construisait son propre monoplan de sa conception à Cercottes .

Les frères Bonnet -Labranche

Chef pilote alors chez Bonnet-Labranche, il fut également Directeur de l'école de pilotage de l'entreprise à l'aérodrome de Groues ou il forma des pilotes stagiaires. Bien que pilote expérimenté il lui fallu néanmoins passer son brevet de pilote qu'il obtiendra le 17 juillet. Sans doute une simple formalité pour Janoir car Bonnet-Labranche lui confia un nouveau monoplan de 2 places pour livraison à un salon aérien: un avion de 31'6" d'envergure, 28'2" de long et pesant 250 kilos avec une vitesse maximale de 100 k/h. Il est possible que cet appareil fut celui livré par Janoir à Montrésor le 23 juillet même si son brevet tout récent prenait effet le 28 juillet!

Mais lorsque Janoir arriva dans cette petite ville loin de tout, il eu une énorme surprise. La municipalité avait vu trop grand en organisant la fête aérienne, car Janoir se trouva seul comme pilote ce jour-là!

4 MONTRÉSOR (I.-et-L.). - Aviation du 23 Juillet 1911. Un monoplan sur le terrain d'aviation.

Janoir à Montrésor

Il profita de cette situation inédite en expliquant en détails les performances de cette nouvelle machine à la foule ainsi qu'en effectuant des démonstrations en vol de plus en plus audacieuses. Atterrissant maintes fois pendant la journée et après 7 heures de vol, son monoplan nécessita d'être ressoudé par endroits! Devenu dès lors célèbre, on l'emmena repérer les alentours pour les vols du lendemain.

Il se leva à l'aube. Le temps était orageux avec des vents violents. Nonobstant, Janoir décolla mais dût atterrir dans un vignoble. En décollant de nouveau, l'empennage de sa machine heurta un arbre et s'abima. Heureusement Janoir en sorti indemne. Recevant les acclamations du public pour sa bravoure et son audace dans la Presse locale, le nom de Janoir rentra dans les annales.

Janoir réglé son moteur à Montrésor

Pendant les mois précédant octobre, Janoir tente à plusieurs reprises le record mondial d'altitude à Orléans. Ce record de 8700 mètres fut établi l'année précédente par Georges Chavez, âgé de 23 ans, ayant obtenu son brevet le même jour que Janoir. Peu de temps après, Chavez, de nationalité péruvienne, fut le premier à survoler les Alpes mais s'abima à l'atterrissage et mourut quelques jours plus tard. (Aujourd'hui l'aéroport de Lima porte son nom).

Janoir resta passionné par la conception et construction d'aéronefs. C'est ainsi qu'il rejoint en 1912 l'un de ses amis de la même promotion des Arts et Métiers, Louis Béchereau, ingénieur brillant embauché par le constructeur Armand Deperdussin. Béchereau concevra par la suite le célèbre Deperdussin, monocoque de course que Janoir pilota par la suite en tant que chef-pilote.

Construit avec trois couches de bois laminé le monocoque Deperdussin ne pesait que 22 kilos et est devenu l'avion de Janoir-pour les courses et comme hydravion.

Tenant l'empennage du Deperdussin afin de montrer le célèbre fuselage d'une seule

14

Janoir à bord du Duperdussin

mieux connue sous le nom de SPAD-à Béthany près de Reims. Ce recrutement judicieux de Béchereau lui donnera l'appareil le plus performant du moment.

Peu de temps après, le Gouvernement passa commande pour des avions militaires, tandis que Janoir, entre 1912 et 1914, était Directeur des ateliers à Reims. Il présenta deux Deperdussins deux places à l'Etat Major. Selon les archives, ces avions en pleine charge montaient à 600 mètres d'altitude en sept minutes. L'argent rentra et Janoir, malgré un emploi du temps très chargé en tant que pilote d'essai, s'engagea dans les courses d'aviation les plus prestigieuses avec des monoplaces et hydravions, tous portant son emblème personnel un diamant blanc sur le gouvernail.

De conception révolutionnaire cet avion monocoque réalisé par Béchereau, était très solide avec son fuselage 'coquille d'œuf' construit de trois feuilles de bois de tulipier en contreplaqué ne nécessitant aucun renfort interne ni extérieur. Sa forme tubulaire était aérodynamique et l'appareil rapide, une fois motorisé par un moteur rotatif Gnome.

Béchereau fut recruté par le propriétaire de la société, Armand Duperdussin, qui n'avait aucune expérience technique. Ancien chanteur de cabaret, il avait fait fortune vendant des soirées aux grands magasins, et se lança dans l'aéronautique en 1910, juste après la première traversée de la Manche par Blériot. Duperdussin fonda son entreprise-la Société de Production des Aéroplanes des Duperdussin-

Les hangars Deperdussin à Reims

15

Monoplans DEPERDUSSIN
Les Appareils de l'École sortis devant les Hangars de l'Aérodrome Deperdussin, à Reims.

Extraits du carnet de 1912

14 août: Janoir, et son collègue Maurice Prévost, essaient 10 nouveaux appareils militaires à l'école Duperdussin, Reims.

20 août: essais de 2 biplans Janoir monte à 600 mètres en 7 minutes, en pleine charge.

4 octobre: Janoir tente sa chance au record de vol long distance (Coupe Pommery). Quittant Calais à 6 h 20, il parcourt les 700 kilomètres dans la journée, atteignant Contis-les-Bains au sud de Bordeaux, à 17h.

16 octobre: Janoir essaie le nouveau monoplan muni d'un moteur rotatif Clerget dernier cri, de 50-60 chevaux. Vol d'une heure et demie, et le lendemain vol sans arrêt de deux heures et demie.

20 octobre: Issy-les-Moulineaux. Après les essais d'un Deperdussin devant l'armée Serbe, il fait la démonstration d'un deux places 80 chevaux pour le gouvernement Chilien devant le Colonel Dartnell et le capitaine Avalos.

21 décembre: journée d'essais de huit Deperdussin pour l'armée française. Sous la direction de Janoir, ils montent à 1800 mètres en neuf minutes.

24 décembre: pilotant un Deperdussin-Clerget en partant de Béthany, Janoir survole Laon à 1500 mètres à travers les nuages et en longeant la frontière jusqu'à Blombay, à proximité de Charleville.

En 1912 il tenta à nouveau de remporter la Coupe Pommery, dont le sponsor fut la célèbre maison de Champagne, mais malheureusement fut forcé à l'abandon, comme Blériot à cause de la pluie et du brouillard près de Biarritz.

REIMS-BÉTHENY — Aérodrome de la Champagne
Coupe Internationale GORDON-BENNETT, qui se dispute à Reims. Plaine de Bétheny, les 27, 28 et 29 Septembre 1913
Ramenée d'Amérique en France par l'Aviateur Jules Védrines
Pylône et Hangars - Appareils en ligne

Extraits du carnet de 1913

Janoir dirigea également l'école de pilotage Deperdussin, dont certains élèves venaient de pays lointains dont le Japon, le Chili et la Russie. - L'année s'annonce bien chargée.

14 janvier: Janoir et son bon ami, Jules Védrines, volent ensemble de Béthany à Verviers, en Belgique. Après un court arrêt pour se restaurer, ils reviennent au point de départ dans la journée·! (Trois mois auparavant, Védrines remporta la Coupe Gordon Bennet à Chicago. Il avait également posé son avion sur le toit des Galeries Lafayette à Paris·! Un an plus tard, il se tua dans un accident à Reims).

7 février: devant la Commission de l'Armée Française présidé par le Capitaine Destouche, Janoir teste 2 biplans de 80 chevaux, ainsi

qu'un monoplace avant de les remettre au Commandement de l'Aviation à Reims.

10 février: un Deperdussin de 50 chevaux offert par les artisans du XVème arrondissement de Paris est aux mains de Janoir. Il se comporte 'impeccablement'.

17 mars: devant l'Armée, Janoir essaie un nouvel appareil muni d'un train d'atterrissage d'un nouveau type. La charge de 275 kilos est portée sans difficulté.

20 mars: Janoir remet un monocoque Deperdussin de 80 chevaux aux représentants du Gouvernement Argentin après avoir réalisé une ascension de 1000 mètres en 3 minutes.

Sur le plan de la compétition, Janoir est encore plus engagé qu'avant, participant à des vols de longues distances, à des courses aériennes et à des concours d'hydravions. Ses vols audacieux se terminent souvent en accidents. Au début de 1913 il est hospitalisé après une tentative longue distance pour la Coupe Pommery. Décollant de Biarritz, il s'écrase près de Poitiers.

En avril, sa participation au Trophée Schneider à Monaco se solde par une chute spectaculaire en mer lors d'une tentative d'atterrissage. La descente trop raide cause la fracture des supports des flotteurs. Les débris du Numéro 20 ont été récupérés par grue!

Le mois de juillet le revoit tenter une autre 'Pommery', d'Etampes à St. Petersbourg via Berlin et Varsovie, mais à Numar il abandonne à cause d'une pluie diluvienne après un vol de 6 heures et 5 minutes.

Nonobstant, il repart de nouveau en août, parcourant la distance impressionnante de 1800 kilomètres mais s'abima peu avant St. Petersbourg. Rencontrant des vents violents et de fortes pluies, son avion subit d'importants dégâts lors de l'atterrissage dans un champ labouré. Après des réparations à l'hélice et au fuselage Janoir poursuit sa route jusqu'à Riga manquant le titre de justesse.

Accueilli en héros par les aviateurs russes il est dorénavant considéré comme l'un des meilleurs pilotes mondiaux, célèbre aussi bien en France qu'à l'étranger.

Mais avant la fin de l'année 1913, Janoir cherche à tout prix à tenter la Coupe Pommery une fois de plus. En octobre il part de Calais à 6 h 20 du matin en passant par Dourdan, Poitiers et Bordeaux avant de gagner Contis les Bains à 17 h. La distance parcourue de 720 kilomètres à été dépassée par la suite.

Sur le plan de la compétition Janoir tenta un raid de Paris à St Petersbourg sur un Deperdussin-Gnome, mais pendant l'étape Riga-St Petersbourg il fut contraint à se poser 250 kilomètres avant la capitale, à Beresova. Après des réparations du châssis endommagé et d'une hélice cassée, il continua et fut accueilli par des aviateurs russes à St Petersbourg, ayant parcouru 1800 kilomètres.

Courtesy : Dominic Winter (Auctioneers)

CONCOURS PARIS - DEAUVILLE de 1913

La course partait des bords de la Seine au Pecq, petite ville à la mode et réputée pour les loisirs aquatiques, non loin près de Paris. L'événement attira plus de 50.000 spectateurs au départ, tel était son intérêt.

Les hydravions devaient suivre les boucles de la Seine pendant 200 kilomètres environ jusqu'à Deauville. On trouvait de nombreux spectateurs tout au long du parcours et à chaque boucle.

Réglages de dernière minute sur le ponton

Sous le regard attentif de Janoir, sur la berge, préparation pour le décollage

Se positionnant au milieu de la Seine, Janoir met les gaz pour un décollage réussi.
Certains ont échoués.

uf pilotes sont engagés pour la course. Janoir à bord de son Deperdussin colle bien mais rencontre vite des problèmes de carburateur et doit se ser pour le réparer. Ces retards lui font perdre du temps précieux, et même mi les quatre arrivés, il n'obtient aucune récompense, ayant dépassé le temps ite.

vainqueur fut Géo Chemet, aux commandes d'un Borrel Type. bien que Janoir ait jours contesté ce classement!

concurrent, Olivier Montalent, n'est pas arrivé, tué avec son copilote, leur areil ayant décroché à 1000 pieds au dessus de Rouen. Olivier fut éjecté de ion et heurta le pont d'une péniche!

En arrivant à Deauville, après un vol compliqué, Janoir a besoin de quelques 'chevaux' de plus pour atteindre la terre ferme.

PARIS-DEAUVILLE - CONCOURS D'AVIONS MARINS
DEAUVILLE — Arrivée de JANOIR sur Deperdussin

Janoir sur son appareil à Deauville

Au repos à la plage avec appareil photo

Le lendemain lors du Concours d'Avions Marins, Janoir arrive quatrième et gagne une récompense...mais son carburateur continue à poser problème. Entre les épreuves il emmène ses amis découvrir la ville de son avion, signe des autographes et profite de la plage avec les autres pilotes...mais il commence aussi à préparer sa prochaine compétition.

Janoir prépare son avion à Monaco

Nonobstant, il continua et participa de nouveau à la Coupe Schneider se tenant à Monaco. Selon les témoignages, les supports de ses flotteurs se brisèrent lors d'un atterrissage un peu trop dur, et l'avion s'abima en mer. L'épave du Numéro 20 fut sortie de l'eau par une grue.

Janoir fut considéré dorénavant comme l'un des meilleurs pilotes du moment. Son vol long distance vers la Russie manqua de peu le record mais le rendit célèbre en France et en Russie.

Atterrissage manqué

LES TRIOMPHATEURS DE L'ANNÉE

Monoplan NIEUPORT — LEBLANC — RUMPELMAYER — Monocoque DEPERDUSSIN

JANOIR — Monoplan MORANE-SAULNIER — Biplan BREGUET — BRINDEJONC DES MOULINAIS

C'est à cette époque que Janoir fait l'objet d'un article de presse sous la rubrique 'Les Triomphateurs de l'Année' aux côtés de: Alfred Leblanc, vainqueur de la course Amiens-Paris , parcourant 750 kilomètres à 60 km/heure de moyenne; René Rumplemayor, navigant en montgolfière de Paris à Khrakov, Russie, sur une distance de 2420 kilomètres, et ensuite de Paris à Liverpool; Brindlejonc de Moulinais, qui établit un record pour un double traversée de la Manche ce qui lui vaudra une inculpation pour 'envahissement de la Grande Bretagne sans permis' sous les dispositions d'une loi récente! Cet article mentionne la Baronne Raymonde de Laroche, première femme pilote française brevetée et vainqueur de la Coupe Femina. (Plus tard elle survivra à un accident de voiture qui emporta Charles Voisin, aviateur et constructeur automobile).

24

VERS LA RUSSIE AVEC JANOIR

Son histoire d'amour avec la Russie continua à vive allure. Envoyé sur place pour commercialiser des Deperdussins et déjà porté en admiration par les autorités, il décida de participer à une autre épreuve de longue distance Pommery. Le parcours fut Étampes-St Petersbourg via Berlin et Varsovie. Le vol commença bien jusqu'à ce q'une pluie torrentielle ne le force à abandonner après 6 heures 10 minutes.

Accueilli de nouveau comme un héro de l'aviation, il participa aux essais militaires russes avec son Deperdussin 80. 'Flight Magazine' de novembre 1913 révèle qu'il fut classé troisième avec un prix de 10.000 Roubles. En réalité il finit second mais perdit 10% de ses points du fait d'être 'étranger!

En décembre 1913, le Gouvernement Russe annonça la fabrication de 400 appareils dans quatre usines pour l'année suivante, et que Janoir avait été engagé comme 'expert technique'.

Deux mois plus tard, le Gouvernement déclara qu'il avait décidé d'appuyer Janoir 'dorénavant à notre service' pour tenter de relier Pekin à Paris. En avril 1914, l'Aéro Club Russe établit le 'parcours à suivre par l'aviateur Janoir' comprenant 15 arrêts sur les 9000 kilomètres.

Le New York Times annonça que l'aviateur français Louis Janoir tentera l'exploit à bord d'un avion russe et que Janoir était dès lors responsable de l'Armée de l'Air Russe! ...Tout ça à l'âge de 28 ans!

Un bon nombre de pilotes et de pionniers de l'aviation travaillaient en Russie à cette époque. Janoir fut vite intégré dans ce cercle moscovite ou il trouva Charles Gilbert, aérostier et qui était professeur à l'Institut Polytechnique de Moscou ainsi qu'à Odessa. Il y avait également Adolphe Pégoud, le premier homme à sauter d'un avion en parachute et à faire un 'looping' avant de devenir un as de la chasse aérienne. Henry Pequet, le premier pilote de l'aéropostal ainsi que Bonnet, et de nombreux autres.

Charles Gilbert au volant, avec Janoir (debout) et Pégout derrière le capot.

Janoir travailla aussi comme chef-pilote avec le constructeur d'avions Vladimir Lebedev, formé au pilotage en France. Lebedev effectua sa première visite à Paris en 1909 pour prendre livraison d'un avion Wright pour l'Aéro Club de Russie avec 'les instructions pour diriger la machine'. Avec sa petite usine à Petrograd, Lebedev se concentra dans la fabrication de Deperdussin 2 places sous licence. Avec l'aide de Janoir 63 exemplaires furent produits. Cette usine, avec 7 ouvriers à son début et sortant un seul appareil par semaine, en construira deux tout les 3 jours et employa jusqu'à 1500 personnes!

Un garde du corps Cosaque pour Janoir!

Janoir aux commandes d'une moto Indian avec Bonnet à l'arrière, et Adolphe Pégoud ainsi qu'un autre aviateur.

Toujours sur Deperdussin, Janoir trouva moyen de participer à la Coupe Schneider à Monaco, mais seulement en tant que réserve. Un concurrent, le Lord John Carberry, d'origine anglo-irlandaise, tomba en panne de moteur avec son Morane-Saulnier et emprunta le Deperdussin de Janoir pour les vols du lendemain. Carberry abandonna après un tour trouvant l'avion difficile à piloter. D'autres observateurs pensèrent à des problèmes de moteur. Par la suite, Lord Carberry écrira que les fils des bougies avaient été inversés et que, même s'il n'avait jamais volé sur cet avion auparavant, il se sentait parfaitement à l'aise aux commandes.

Préparation du décollage à Monaco

environ 2 mètres de haut, Janoir atteint son **emblème**, un 'diamant blanc' sur le gouvernail

Un bon moyen pour garder les documents de la course au sec!

Le Lieutenant Janoir en uniforme

Mais tout allait changer pour Janoir avec le début de la Première Guerre Mondiale. Il se trouva mobilisé dans l'Armée Russe avec le rang de Sous-Lieutenant. Il se met à convertir le monoplan Deperdussin en avion de chasse muni de canons synchronisés et de skis afin que ces appareils puissent être utilisés en hiver.

L'usine Lebedev devient ainsi rapidement très habile en copiant des avions allemands capturés.

Avion de chasse

L'avion russe de Janoir monté sur

Les talents de Janoir en tant qu'ingénieur et directeur de fabrication, de l'école de pilotage ainsi que pilote d'essais le rendait indispensable pour la création de l'Armée de l'Air Russe. Travaillant pour le Grand Duc Alexandre, cousin du Tsar, Janoir atteignit-rapidement le grade de Lieutenant, forma les pilotes russes et supervisa la production d'avions. Il mena des relations étroites avec l'Amiral Eberhard, chef de l'Etat Major, et le Colonel Mourousi.

Le Lieutenant Janoir avec Henri Peguet à sa droite et à sa gauche, les pilotes polonnais Rossinski, Levski et Haber Wlynski.

Летчики Жануаръ и Пуаре.

Въ Москву на нѣсколько дней прiѣхали по дѣламъ службы находящiеся въ рядахъ русской армiи французскiе летчики Пуаре и Жануаръ. Еще до войны и Жануаръ и Пуаре были знаменитостями. Жануаръ совершилъ историческiй перелетъ изъ Парижа въ Петроградъ, Пуаре въ цѣломъ рядѣ городомъ, въ томъ числѣ и Москвѣ, совершалъ головоломные полеты на фарманѣ.

Теперь Пуаре опять въ Москвѣ. Синяя куртка военнаго покроя замѣнила былъ костюмъ "штатскаго пилота. На плечахъ—погоны прапорщика авiацiи. На груди—четыре Георгiевскихъ креста. Пуаре загорѣлъ, возму-

жалъ, выглядитъ, пожалуй, старше своихъ 30-ти лѣтъ но и послѣ 9-ти мѣсяцевъ войны такъ же весель, остроуменъ, жизнерадостенъ, какъ и прошлой весной.

Первый Георгiевскiй крестъ Пуаре получилъ за Сольдау, второй — за битву подъ Варшавой, третiй и четвертый — во время боевъ подъ Лодзью.

Ш. Жильбертъ

Пилотъ Аэронавтъ (дипломированный) и строитель

Телефонъ №...

Monsieur Clergef
37 Rue Cave
Levallois

Une escadrille Janoir

ette première page d'un journal russe de mai 1915 montre Janoir, alors en charge de l'aviation russe, en mpagnie d'Alphonse-Flavien Poirée qui venait d'être décoré par le Tsar après avoir lancée la première mbe de la Grande Guerre sur les lignes allemandes.

Le Lieutenant Janoir - portrait de famille

Le séjour de Janoir à Moscou semble avoir été partagé entre le développement d'avions pour l'armée de l'air russe et sa participation à de nombreuses épreuves, courses et tentatives de records longues distances. Tout comme ses amis, tous aviateurs reconnus, il a bien pu participer à la vie mondaine de l'époque.

Le Gouvernement russe avait accepté de lui porter soutien pour la course de Pékin à Paris, mais nous ignorons la suite du projet. Il est possible qu'un événement, concernant son ami Haber Walinsky, y avait un rapport. Survolant un terrain à 1000 pieds d'altitude, le moteur du biplan s'est détaché. Le pilote réussit à se poser, mais le moteur était tombé sur le géant multi-moteurs 'Le Grand' construit par Sikorsky. Cet appareil, la fierté de l'aviation russe, fut complètement détruit!

Nonobstant, Janoir put rentrer à Paris par avion pour participer à des courses et fêtes aériennes.

Un vol au dessus de Moscou

Janoir participa d'avantage à la préparation des opérations aériennes, en se servant dans un premier temps des avions pour la reconnaissance et la direction de tirs d'artillerie. Ensuite il s'occupa de chasseurs et bombardiers. Parmi les exploits de Janoir figure une rencontre avec Raspoutine, ce mystique célèbre!

Avec des grèves de plus en plus fréquentes et les insurrections, Janoir décida, après 18 mois productifs en Russie, de rentrer à Paris.

Moment de repos, avec quelques admiratrices!

Le planning d'un raid sur le front de l'ouest de la Russie

Un peu plus tard, Janoir concevra et déposa quelques améliorations à la coque de son avion amphibie. Il avait notamment découvert qu'une série

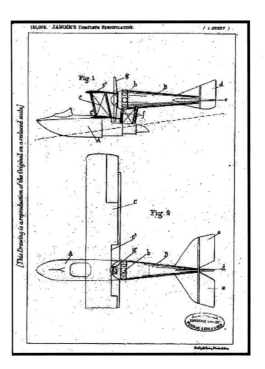 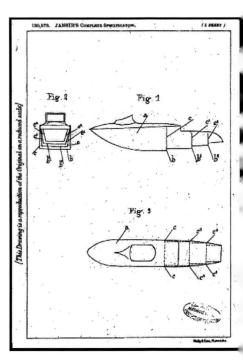

De retour à Paris, il s'associa avec son ami Louis Béchereau qui avait conçu les premiers chasseurs chez Deperdussin. Avec Béchereau, Janoir créa sa propre entreprise aéronautique, Janoir Aviation situé au 27, rue des Buttes Montmartre à Saint-Ouen.

Un Brevet d'Invention de 1917 (France) et de 1918 (Royaume Uni) révèle les détails d'un 'avion amphibie' 'Janoir'. Cet appareil extraordinaire fut exactement ça-un bateau doté d'ailes placées derrière un moteur monté sur le fuselage avec l'empennage à l'arrière.

Dans ce brevet Janoir declare: *'Ce que je demande à déposer: Un hydravion ou avion amphibie composé d'une coque ou partie d'un bateau, et comprenant un fuselage équipé de moyens pour le diriger et l'orienter ainsi que le moteur, indépendant de la coque ou partie d'un bateau, et dont les caractéristiques dudit fuselage permettent d'accommoder le moteur d'une façon aérodynamique'.*

131,075

PATENT SPECIFICATION

Convention Date (France), May 29, 1917.
Application Date (in the United Kingdom), Apr. 22, 1918. No. 6766/18.
Complete Accepted, Aug. 21, 1919.

COMPLETE SPECIFICATION.

Improvements in and relating to Flying Boats or Water-planes Provided with a Hull or Boat Portion.

de panneaux superposés les uns sur les autres à l'arrière de la coque augmentait la portance de l'appareil et ralentissait son atterrissage. Tout semblait bien se passer, mais Armand Deperdussin aimait trop la belle vie et dépensait sans limite. Il devenait le sponsor de fêtes aériennes et de courses somptueuses y compris la Gordon Bennet. Un Deperdussin emporta la toute première coupe James Gordon Bennet à Chicago le 9 septembre 1912. L'appareil gagna quasiment toutes les épreuves majeures en 1913, mais, coup de tonnerre, Deperdussin fut arrêté pour fraude, contrefaçon et abus de confiance. Sa société est mise en liquidation judicaire et Deperdussin se retrouve en prison avant son procès.

La presse écrit ' Paris, 30 mars 1917, le constructeur français Armand Deperdussin est condamné à 5 ans de prison et à une amende de 1000 Francs pour détournement de 32 million de Francs de sa Société.'

Sa défense insista que la plupart de cette somme avait été dépensée pour le développement de l'industrie aéronautique: sa condamnation fut révisée mais hélas Deperdussin ne s'en remettra pas et mettra fin à ses jours.

Cependant ce désastre créa de nouvelles opportunités. Un consortium mené par Louis Blériot, devenu un constructeur chevronné - l'entreprise devient la 'Société Pour l'Aviation et ses Dérives'-ou SPAD, très vite célébrée pour ses avions de chasse.

Avec Béchereau et un autre 'Gadzart', André Herbemont à la tête de la société, le célèbre chasseur SPAD était né, et l'usine JANOIR avec ses 350 employés, obtint sa part de commandes.

Biplan SPAD

Janoir met en application toute l'expérience acquise en Russie. Il répare et construit des SPAD, et l'entreprise fleurit. Entre août 1917 et février 1918, il construit 200 SPAD VII biplans, portant numéros de série 3001 à 3200. Un bon nombre des 1,000 chasseurs construits par Janoir portaient son emblème à cinq couleurs.

Janoir construisit un avion de reconnaissance deux places lourdement armé, le S.E.A. 4 C2 muni d'un moteur refroidi par eau. Le premier vol eut lieu le 28 avril 1918, et Janoir, en tant que constructeur se voit accordé une part des 1000 avions commandés. Mais les premiers avions ne furent jamais construits avant l'Armistice! Environ 25 appareils non-livrés devinrent des transporteurs pour passager à la fin de la guerre. Janoir fabriqua aussi des hydravions- certains selon sa propre conception.

La fin de la Grande Guerre mena à une fin abrupte de la construction aéronautique si rémunératrice! De nombreux constructeurs tourneront leur attention vers l'automobile, pouvant disposer d'un grand nombre de moteurs d'avions et d'usines à l'abandon mais parfaitement équipées.

JANOIR L'AUTOMOBILISTE

En 1918, Janoir ne se contenta pas seulement de construire un certain nombre de ses propres hydravions d'après guerre à Saint Ouen, mais il se diversifia en fabricant des carrosseries pour automobiles et des motocyclettes. Certaines sont de sa propre conception et reflètent son expérience de constructeur aéronautique.

Il profite également de son expérience d'apprenti carrossier chez Kellner parmi d'autres. Janoir ne se contente pas uniquement de l'esthétique du carrossier, mais les améliore en incorporant ses propres inventions fort nombreuses.

Ses premières publicités font état de conceptions incorporant un certain nombre de techniques aéronautiques. Des pare-brise enveloppants comme les cockpits d'avions, ainsi que des toits en verre comme de nos jours furent parmi ses réalisations.

Après quelques années ses carrosseries les plus luxueuses font l'objet une publicité innovante: 'la marque est la garantie du châssis, un châssis de marque doit être carrossé par ...Janoir!

1918

1922

En 1922 Janoir produit également une voiture sport. Il proposait une Torpédo Cabriolet Sport avec un toit Imperméable et entièrement démontable.

Ce petit deux ou quatre places disposait d'ailes hautes, une porte de chaque côté et une caisse en bois du type 'skiff'. (Cette photo prise lors d'une manifestation à Sarlat illustre le style de carrosserie réalisé par Janoir)

Un peu plus tard, Janoir annonça un modèle 'hard top' posé sur un châssis Lorraine Dietrich. En avril 1924 il dépose un brevet pour un système de suspension pour véhicule réalisé au moyen d'un pivot central utilisable sur toutes sortes de châssis.

'Hardtop' sport Janoir

1920

37

Très tôt, l'usine de Saint Ouen fait état de son invention unique: la première carrosserie construite en pièces détachées, avec des éléments interchangeables en alliage d'aluminium à haute résistance Ainsi naissait la première 'Transformable Métallique' qui devint si célèbre.

La première Carrosserie construite en pièces détachées.
Mécaniques Interchangeables en alliage d'aluminium à haute résistance
JANOIR St-OUEN

Carte postale de l'usine Janoir

Delage fut le constructeur le plus associé, cette carrosserie Janoir devenant la Delage de tous les temps vendu dans le monde entier. Nous ignorons les conditions commerciales négociées entre Delage et Janoir. Aujourd'hui, seulement trois exemplaires sont répertoriés.

Il est certain que Janoir jouissait de bonnes relations avec la maison Delage. Son catalogue de carrosseries de 1924-5 offrait pas moins de sept caisses différentes illustrées ici, dont les choix allaient des Torpédos aux Transformables et des Coupés aux Conduites Intérieures.

Ces caisses, dotées des structures en aluminium brevetées par Janoir, étaient principalement montées sur des châssis Delage, dont Janoir devint un fournisseur important. La décision prise par Delage de lancer son propre 'transformable Métallique' fait preuve d'une collaboration de commercialisation unique.

La réputation des caisses légères Janoir devint mondialement célèbre. Aux USA, le journal spécialisé 'Autobody' publia un article de deux pages sur ces carrosseries, et en France 'La Vie Automobile' en fit pareil.

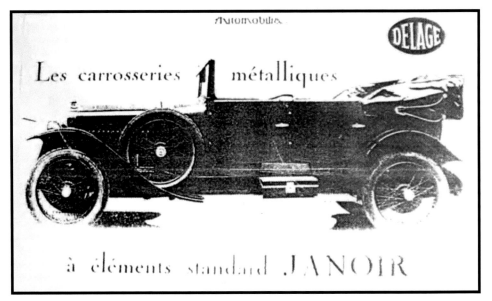

Les carrosseries métalliques à éléments standard JANOIR

CARROSSERIES
DE LUXE & DE SÉRIE

CONDUITE INTÉRIEURE GRAND SPORT (Type Sous-Marin)

PRIMÉE AU CONCOURS D'ÉLÉGANCE MONTE-CARLO . 1924
2e PRIX   —   —   PARIS.. 1924
1er PRIX   —   —   BOULOGNE-S/M. 1924

LOUIS JANOIR, Carrossier

24-26, RUE ÉDOUARD-VAILLANT, SAINT-OUEN (SEINE)

Téléph. Marcadet 20-81   Télégr. Janoir St-Ouen

LÈVE-GLACE BREVETÉ

Le lève-glace "JANOIR" a été étudié dans le but d'éviter les coincements des glaces dans leur mouvement de translation, inévitable dans tous les systèmes où la commande de la glace ne se fait qu'en un seul point.

Il est constitué par un système de biellettes articulées, spécialement étudié, commandé par un renvoi à engrenages et manivelle.

Le mouvement est transmis à la glace en deux points rapprochés 1 et 2 des coulisseaux guides assurant à cette dernière des déplacements rigoureusement parallèles à eux-mêmes

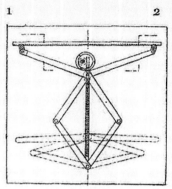

Lève-Glace breveté

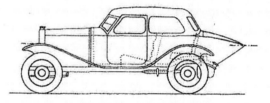

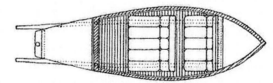

FIXATION BREVETÉE DE LA CAISSE EN TROIS POINTS

L'avant de la caisse est fixé soit sur le tablier, soit en deux points des longerons vers le tablier.

L'arrière en un seul point au milieu d'une des traverses du châssis.

La caisse est donc bien fixée sur les longerons du châssis, *mais indépendante des déformations du châssis.*

Pour obtenir plus de légèreté dans la construction de la carcasse, j'ai été amené à rendre les sièges indépendants du pourtour de la caisse, cette dernière ne servant qu'à isoler les personnes de l'extérieur.

Les ailes avant et les marchepieds sont solidaires du châssis.

Les ailes arrières sont solidaires du pourtour de caisse.

Ce dispositif permet d'alléger considérablement les carrosseries, la caisse proprement dite ne subissant aucune déformation et tous les organes restant de ce fait silencieux.

CABRIOLET

CHASSIS ET SES ACCESSOIRES. 5 roues métalliques 820×120, 4 pneus câblés 820×120, installation électrique complète (dynamoteur, accumulateurs, phares mixtes, lanterne arrière), planche tablier aluminium avec compteur, montre, tableau électrique.

CARROSSERIE : (Ce modèle n'est pas prevu en série et ne peut être exécuté que sur commande). *4 places* intérieures dont 2 strapontins dos à la route, auvent torpédo, 2 places sur siège avant, 1 glace à chaque porte arrière, 2 glaces derrière le ponté, toutes les glaces se logeant dans un panneau de chaque côté de la carrosserie, capote cabriolet recouverte cuir, garniture : siège avant cuir noir, partie arrière garnie drap. housse de capote tissu caoutchouc, pare-brise en deux parties, marchepieds garnis lino-rubber, roue de secours dans une aile avant, plaque de police, coffre sur marchepied, trompe.

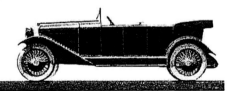

DESCRIPTION DU CHASSIS 11 HP.

MOTEUR 4 cylindres 75×120 monobloc, vilebrequin équilibré soutenu par 5 paliers, soupapes commandées par culbuteurs, allumage par magnéto à haute tension.

CARBURATEUR Zénith triple diffuseur.

EMBRAYAGE à disques multiples, fonctionnement à sec, ne nécessitant aucun entretien et assurant une souplesse parfaite.

BOITE DE VITESSE boulonnée sur le moteur, 4 vitesses, une marche arrière, porte les pédales et les leviers.

FREINS sur les quatre roues avec organes interchangeables. Réglage ne nécessitant aucun démontage, ni manœuvre. Le freinage sur les quatre roues évite pratiquement les dérapages ; il en résulte une sécurité parfaite, une tenue de route impeccable et une moindre usure des pneus.

TRANSMISSION par arbre à double cardan, poussée et réaction du pont par les ressorts arrière.

PONT ARRIÈRE d'une seule pièce en tôle d'acier, couple conique à taille spirale, différentiel démontable par le regard arrière du pont. " Simplicité-robustesse ".

SUSPENSION. Châssis monté sur 4 ressorts droits sous les longerons, d'une très grande souplesse. Boulons graisseurs spéciaux aux axes de ressorts.

DIRECTION par vis et écrou avec bielle de commande et d'accouplement à rotule, inclinaison variable, peut être montée indifféremment à droite ou à gauche, volant de grande dimension.

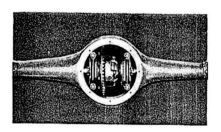

TORPÉDO TRANSFORMABLE

CHASSIS ET SES ACCESSOIRES. 5 roues métalliques 820×120, 4 pneus câblés 820×120, installation électrique complète (dynamoteur, accumulateurs, phares mixtes, lanterne arrière), planche tablier aluminium avec montre, compteur, tableau.

CARROSSERIE : (Ce modèle n'est pas prévu en série et ne peut être exécuté que sur commande). 6 places, 2 strapontins dos à la route, 4 portes ouvrantes, 3 grandes glaces de côté se repliant et se logeant dans les panneaux de côté, capote entièrement rabattable à l'arrière, housse de capote toile cuir, garniture intérieure cuir, pare-brise en deux parties, roue de secours dans une aile avant, marchepieds garnis lino-rubber, plaque de police, coffre sur le marchepied, trompe.

TRANSFORMABLE 4 à 5 places sans strapontin, 3 glaces, 4 portes ouvrantes.

TRANSFORMABLE 4 places, 2 glaces, 2 portes ouvrantes en quinconce, direction à droite.

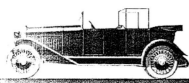

CARACTÉRISTIQUES GÉNÉRALES DU CHASSIS	
Moteur monobloc 4 cylindres, alésage 75, course 120	
Largeur du châssis à l'arrière	1 m 00
Voie..	1 m 32
Empattement	3 m 18
Encombrement total : largeur	1 m 65
— longueur	4 m 20
Cotes de Carrosserie : Distance du tablier à la tangente des roues AR.	1 m 90
— Emplacement de carrosserie	2 m 56
Roues métalliques amovibles, pneus de.	820 / 120

COMMANDES : Les commandes sont prises à nos conditions générales de vente annexées à nos bons de commandes et ne sont valables qu'après acceptation par notre Maison.

CARROSSERIES : Sur demande de nos Clients et de nos Agents nous nous chargeons de l'étude et de l'exécution des carrosseries non prévues à notre Catalogue.

LIVRAISONS : Avec 5 roues métalliques amovibles, 4 pneus Michelin câblés, installation électrique complète (dynamoteur, accumulateurs, tableau, phares mixtes, lanterne arrière), compteur kilométrique, montre, planche tablier aluminium poli, boîte d'outillage et cric.

Voir nos prix sur notre Tarif

TORPÉDO PONTÉ. 4 & 6 PLACES

CONDUITE INTÉRIEURE, 4 & 6 PLACES

COUPÉ LIMOUSINE. 4 PLACES

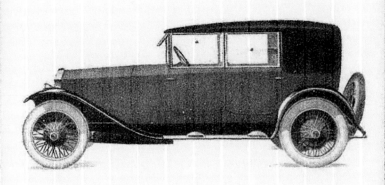

TRANSFORMABLE, 4-6 PLACES

L'étude du transformable, carrosserie actuellement très en vogue a été poussée du côté fabrication afin de diminuer le plus possible la main-d'œuvre de ferrage toujours très délicate dans ce genre de voitures qui demande à être très soigné.

La caisse a été étudiée mécaniquement. Les pieds sont en alpax coulé

(métal de densité inférieure à celle de l'aluminium et de résistance bien supérieure). Les montants de pare-brise, centraux, bas de caisse, ceintures d'auvent et de rotonde, sont également venus de fonderie en métal léger. Toutes ces pièces usinées mécaniquement et assemblées par boulons, forment un ensemble parfait et sont interchangeables.

Une Transformable Janoir de 1925 montée sur châssis Delage, photographiée pour une publicité sur les Champs Elysées à proximité de la salle d'exposition Delage.

LA PREMIÈRE CARROSSERIE AUTOMOBILE construite en pièces détachées MÉCANIQUES - DÉMONTABLES INTERCHANGEABLES

Les carrosseries métalliques JANOIR

Dans une voiture automobile, la carrosserie constitue un ensemble aussi important que le châssis lui-même : c'est là une vérité longtemps méconnue et qui commence seulement à se faire jour maintenant. Pendant de longues années, on a continué, pour construire les carrosseries, les vieux errements des spécialistes de la voiture attelée ; le résultat, ç'a été ces caisses lourdes, fragiles, que nous avons tous connues et dont nous avons tous pâti.

Pénétré de cette idée que la carrosserie pouvait et devait être traitée de la même façon et avec les mêmes méthodes que la partie mécanique de la voiture, M. L. Janoir a étudié et mis au point un système de carrosserie entièrement métallique qui ne manquera pas d'attirer vivement l'attention de tous les visiteurs avertis du Salon.

Nous allons dire quelles sont les directives qu'il a suivies, les principes dont il s'est inspiré et les méthodes qu'il a employées ; les résultats obtenus s'en déduiront d'eux-mêmes.

Tout d'abord, la carrosserie, qui doit être aussi légère que possible, doit ne jamais faire double emploi avec le châssis ; celui-ci possède son cadre qui supporte tous les organes mécaniques : pourquoi ne pas s'en servir pour supporter directement les sièges, et, par conséquent, les voyageurs que l'on transporte ? Idée pas absolument neuve, on le sait, mais pas encore suffisamment admise.

Les sièges reposeront donc directement sur les longerons du châssis. La carrosserie n'est plus une caisse destinée à abriter et à protéger les voyageurs. Cette caisse, on va la faire aussi rigide que possible, pratiquement indéformable, nous allons voir tout à l'heure comment. Mais, pour qu'elle puisse rester indéformable, il faut évidemment la soustraire aux déformations inévitables du cadre ; aussi va-t-elle être montée sur celui-ci en trois points seulement, permettant par suite toutes les déformations et flexions possibles du châssis, sans les subir elle-même. Ces trois points de fixation

Fig. 1. — Modèle exclusif de l'armature du transformable type Delage.

A, verrous arrière de capote ; N, verrous avant de capote ; B, montant central ; C, verrou du montant central ; O, montant du pare-brise ; D, plaque d'articulation du montant central ; E, ceinture de rotonde ; F, bague du montant central ; H, plaquette de fermeture du montant central ; G, doigt d'arrêt du montant central ; M, ceinture d'auvent ; J, pied central ; K, bas de porte arrière ; L, bas de porte avant ; P, pied avant ; R, charnière de portière.

sont disposés deux à l'avant sur les longerons et le troisième à l'arrière, à hauteur du parclose des sièges arrière, au milieu d'une traverse que le carrossier rapporte sur le châssis, à l'endroit convenable.

Il faut tout de même assurer l'imperméabilité à la poussière et à la boue de l'intérieur de la caisse : pour cela, des soufflets en toile ou en cuir seront disposés autour des sièges (fixés au châssis) et de la caisse proprement dite (articulée sur le châssis) ; ce sont ces soufflets qui supporteront les déformations d'un ensemble par rapport à l'autre.

Pour assurer l'indéformabilité complète de la caisse, c'est au métal qu'on va avoir exclusivement recours pour sa construction. La caisse va être composée d'une charpente, d'un squelette en métal léger et résistant constituant des panneaux indéformables. Ces panneaux seront garnis par la suite au gré du client, soit avec de la tôle qui sera ensuite vernie, soit avec des tissus simili-cuir, qui sont actuellement si répandus et si appréciés pour la garniture extérieure des caisses.

À notre époque de fabrication industrielle en série des châssis d'automobile, il ne viendrait à l'idée de personne de construire individuellement ceux-ci par des pièces ajustées les unes sur les autres : des plans et dessins très précis sont établis tout d'abord, qui permettent d'estamper, de couler, d'usi-

ner complètement chacun des éléments qui doivent entrer dans la constitution du châssis, de telle sorte que, pour les assembler, il n'y a qu'à les rapprocher et les fixer les uns aux autres par des boulons.

M. Janoir a fait exactement de la même façon pour ses carrosseries.

Ainsi qu'on a pu le voir sur la figure ci-dessus, toute l'ossature de la caisse est constituée par des éléments en alliage d'aluminium coulé, dont les faces sont dressées à la machine et qui sont réunis ensuite les uns aux autres par des boulons. On comprend comment on peut de la sorte assurer l'indéformabilité pratique absolue de tout l'ensemble de la caisse.

Un autre avantage découle de ce mode de construction : c'est que chacune des pièces qui entrent dans la constitution d'une caisse est rigoureusement interchangeable avec la même pièce d'une autre carrosserie. Si bien que la construction complète d'une carrosserie peut s'effectuer très rapidement, sans aucun ajustage, en puisant simplement dans des cases convenablement approvisionnées du magasin, qui contiennent chacune un des éléments constitutifs de l'ensemble. Cela, c'est l'avantage du constructeur, mais le client va y trouver aussi le sien. Tout d'abord, la caisse pouvant être fabriquée indépendamment et en dehors de la présence du châssis, celui-ci ne sera plus immobilisé de longs mois chez le

Fig. 2. — Carrosserie transformable quatre glaces fermée.

carrossier, et il suffira de quelques jours pour réaliser l'assemblage définitif de la carrosserie et du châssis.

Pendant l'usage de la voiture, si, par suite d'un accident, une partie de la caisse est mise hors de service, le propriétaire de la voiture n'aura qu'à consulter la notice qui lui est livrée avec sa carrosserie et y relever le numéro des pièces qui ont souffert lors de l'accident, et à les commander chez son fournisseur : il sera sûr de recevoir des pièces identiques, que n'importe quel carrossier pourra mettre en place, si loin que soit son atelier de l'usine qui a fabriqué les éléments.

Idée simple, on le voit, mais qui a mis longtemps pour faire son chemin. Les réalisations que son application permet sont en tous points remarquables.

D'abord, les carrosseries métalliques, faites d'éléments indéformables et interchangeables, ont permis la création de ce qui était considéré jusqu'alors comme un mythe : la carrosserie transformable, indéfiniment durable. On connaît la mauvaise réputation qui accompagne généralement les carrosseries transformables : la transformation est possible lorsque ces caisses sont neuves, mais cesse bien souvent de l'être après quelque temps d'usage, parce que les assemblages ont joué, la caisse s'est déformée, et on est très souvent condamné à laisser perpétuellement fermée la carrosserie pseudo-transformable, sous peine de la voir se disloquer complètement.

Grâce au système de M. Janoir, la carrosserie transformable est et reste véritablement transformable pendant toute la durée de son existence. Au bout de trois ans comme au premier jour, toutes les pièces viendront s'assembler aussi exactement à leur place

normale, sans le moindre jeu, sans le moindre effort.

On conçoit qu'une telle caisse, parfaitement rigide et indépendante du châssis, soit celle qui présente pour les occupants le maximum de confort : d'abord, étanchéité absolue, cela va de soi. Et, aussi, un silence qui dure autant que la carrosserie : deux pièces ne peuvent en effet faire de bruit que si elles frottent ou battent l'une contre l'autre, ce qui est évidemment impossible avec le mode d'assemblage des carrosseries métalliques Janoir.

On pourra voir au Salon des transformables et des conduites intérieures construites suivant ce principe et apprécier les conséquences qu'elles entraînent.

La maison Delage, toujours à l'affût du progrès, a compris immédiatement les avantages qu'elle pouvait tirer de ce mode de construction, et son modèle de transformable qu'elle sort en grosse série est construit d'après les principes précités.

ACCESSOIRES

L'étude mécanique des carrosseries a mis M. Janoir dans l'obligation de fabriquer toutes les pièces de détail que l'on trouve habituellement dans le commerce.

En effet, ces organes, conçus en vue de leur montage sur des pièces de bois, ne pouvaient en aucune façon convenir à des parties métalliques. Les charnières sont des ensembles mécaniques à rattrapage de jeu automatique.

Les serrures conçues dans le même ordre d'idées sont à blocage hélicoïdal.

Quant aux lève-glace, leur rôle étant capital dans les carrosseries transformables, ils ont été étudiés d'une façon tout à fait spéciale. Plusieurs dispositifs brevetés leur assurent une grande robustesse de fonctionnement, un aspect et un silence parfaits.

Les glissières-guides des cadres de

Fig. 4. — Lève-glace Janoir.

glace sont entièrement dissimulées, ce qui permet au cadre de glace de s'appliquer sur toute la hauteur contre les profilés caoutchouc fixés sur les montants de carrosserie, assurant, de cette façon, une étanchéité parfaite et un silence absolu.

Fig. 3. — Carrosserie transformable ouverte.

M

e succès de Janoir en tant que constructeur automobile et de sa arrosserie révolutionnaire tout en aluminium lui permettait exposer au Salon de Paris en 1926. Sur le stand il présenta la arcasse' métallique ainsi que des exemplaires montés sur une berline elage et une Delage transformable.

a revue 'Auto-Carrosserie' rapporte que Janoir remporta un grand ccès en se spécialisant sur sa caisse entièrement en métal où toute xpertise de l'artisan fut mise à contribution pour associer la gèreté de l'aluminium avec la résistance de l'acier, la résistance au 2u, et la sécurité en cas d'accident. La méthode de fixation de la isse sur le châssis offrait des supports pour les sièges, et des ufflets en cuir empêchaient la boue et la poussière-la hantise de poque- de rentrer dans l'habitacle.

s portes dégarnies permettaient de voir le mécanisme unique et égant des vitres en verre. La carrosserie en aluminium démontra e la caisse pouvait être utilisée sur plusieurs modèles de voiture. ans doute, cette présentation au Salon attira-t-elle beaucoup ntérêt et aida très probablement au succès de la Delage ansformable.

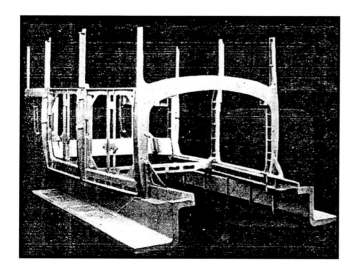

CARROSSERIE JANOIR

24. Rue Edouard-Vaillant, SAINT-OUEN (Seine)

Un des aspects du Stand Janoir.

M. L. Janoir s'est spécialisé avec plein succès dans la carrosserie métallique. Tous les éléments de la

Mais la caisse n'est fixée au cadre que par quelques points et reste en somme indépendante du châssis.

Une vue latérale de la Carrosserie métallique.

charpente sont formés d'un alliage d'aluminium léger, qui a pourtant la résistance de l'acier, d'où sécurité en cas d'accident et incombustibilité.

dont les longerons sont directement utilisés pour servir de supports aux sièges. Des soufflets de cuir ou de toile sont disposés autour des sièges qu'ils réunissent à la

Un autre aspect du Stand Janoir.

caisse pour assurer l'imperméabilité à la boue et à la poussière ; ce sont eux qui supportent, sans dommage, les déformations des deux parties indépendantes.

Ce genre de construction est particulièrement favorable à l'établissement de voitures transformables, comme on a pu s'en rendre compte au Salon. D'autant qu'elle comporte également la réalisation d'un lève-glace spécial au fonctionnement parfait.

CARROSSERIE "JANOIR"

24, Rue Édouard-Vaillant

St-OUEN (Seine)

———

Les Plus Jolis Modèles

SPÉCIALITÉ DE

Transformables métalliques

Brevetés

Tél. : Marcadet 20-81

Le cadre en aluminium est mise en valeur dans cette publicité de 1925

Fig. 2. — Janoir, sur Delage, au mont Agel.

Première apparition en rallyes

La première apparition de la 'Transformable Métallique' munie de roues de rechange de chaque côte adoptées par Delage pour sa transformable, semble être pour le rallye Paris-Nice de 1926. Au Mont Agel pendant une course de côte à la fin du parcours de 1000 kilomètres, la voiture est décrite comme ' Janoir sur Delage'.

Son classement est inconnu, mais il est sur d'avoir reçu une médaille a l'arrivée ! Delage était déjà célèbre en tant que vainqueur du concours de vitesse du Mont Agel avec principalement sa voiture de sprint de 6 litres. René Thomas l'emporte en 1922-3, et Robert Benoist, qui allait devenir champion du monde sur Delage, y participe en 1924,'25 et '26.

Notons au passage que les commerçants et hôteliers monégasques se plaignant que la ville rivale de Nice profitait de ce rallye, décidèrent de créer leur propre événement!

La presse spécialisée de l'époque commentait que la 'maison Delage', toujours en avance, et ayant reconnu les avantages de la carrosserie en aluminium, commençait a son tour á fabriquer son propre modèle en utilisant les techniques de Janoir. Cette reconnaissance assure a Janoir sa place dans l'histoire de l'automobile, car d'autres constructeurs adopteront sa caisse métallique comme base pour les coques d'aujourd'hui.

47

Une Carrosserie JANOIR

en métal superléger fixée au châssis en
TROIS POINTS sur SILENTBLOCS
se joue des **DÉFORMATIONS** du châssis

C'est

La **SEULE** qui résiste sous tous les climats, étant inoxydable.
La **SEULE** qui résiste sur les plus mauvaises routes.
La **SEULE** construite en pièces mécaniques interchangeables.
La **SEULE** dont les assemblages et articulations soient invariables.

AVEC

JANOIR

BREVETÉS

Les TRANSFORMABLES
en
alpax rigides 3 points
CONDUITES INTÉRIEURES
en
alpax rigides 3 points
Les LÈVE-GLACES
pour cabriolets

Faux-Transformables
en
alpax rigides 3 points
CABRIOLETS-SPIDER
en
alpax rigides 3 points
SERRURES
à blocage axial hélicoïdal

Vous n'aurez plus aucune observation de la clientèle

CARROSSERIES SOUPLES - licence WEYMANN

Armature métallique fournie sur demande
STAND N° 1, GRANDE NEF, POURTOUR DES RAMPES

MARCADET
29-40, Tel.1
24, 26, rue Édouard-Vaillant, St-OUEN (Seine)
JANOIR
ST-OUEN

Publicité Janoir dans l'édition de "·La Vie de L'Auto" du Salon de 1927 à Paris

Cet exemple d'une "Transformable Janoir"sur une Delage DR 70 de 1926 illustre l'adaptabilité de structure

48

Quelques années plus tôt, Janoir avait créé une société pour la fabrication de motos et avait réussi à monter le moteur de sa propre moto dans un cyclecar-la voiture de course légère de l'époque.

l'une de ses réalisations initiales participa à la première course moto de 24 heures organisée en France- le 'Bol d'Or' de 1922. Cette course eut lieu sur un circuit bosselé entre Vajours, Clichy-sous-Bois et Livry-Gargan. (Deux ans plus tard eut lieu les premières '24 Heures du Mans').

La course fut organisée par Eugène Mauve, Président de l'Association des Anciens Motocylistes Militaires: le Bol d'Or a toujours lieu de nos jours.

La 'Janoir' aux mains d'un certain M. Detilleux, également fabriquant de cyclecars, fut engagée parmi 22 cyclecars, 12 motos et sidecars au départ. Une voiture pilote lança la course le 28 mai à 8 heures, mais la 'Janoir' termina la sienne après quelques minutes dans un fossé, ayant perdu la direction au premier virage. Peu importe la raison de cet échec, aucune 'Janoir/Detilleux' ne figurera parmi les concurrents des courses suivantes!

Morel wins!

André Morel remporta la course sur Amilcar terminant les 1,450.658 kilomètres en 24 heures. En deuxième position on se trouvait un certain Robert Benoist-futur champion du Monde sur Delage en 1927.

A cette époque de très nombreux cyclecars -un véhicule entre moto et automobile – furent produits, dont le succès résultait d'une vignette peu chère à condition que le poids ne dépassa pas 350 kilos. Malheureusement les tentatives de Janoir de faire partie de ce modèle de voitures miniatures furent sans succès!

Entre 1910 et 1934, plus de 50 constructeurs de cyclecars existaient en France. La plupart ne survivront que quelques années, et à la fin des années vingt, la production de cyclecars cessa quasiment.

Eugène Mauve lança la course de 1922 .....

..... et met fin à celle de 1949!

49

Janoir le constructeur de motocyclettes

L'entreprise Janoir des motocyclettes-la 'Société des Établissement JANOIR' pour la construction mécanique et la fabrication de motocyclettes et de sidecars fut crée avec un capital de 3 millions de Francs par une émission de 12.000 actions de 250 France chacune.

Tout en étant un grand inventeur, les qualités d'ingénieur de Janoir furent très souvent bien en avance des demandes de la clientèle: ce fut ainsi dans le monde des motocyclettes.

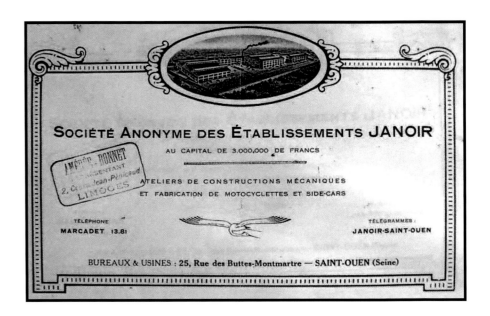

Le célébre journal 'Moto Revue' rédige un article complet sur la nouvelle motocyclette de Janoir' une machine d'une audace technique - conforme aux dons techniques remarquables de Janoir.

La motocyclette de Janoir

Le moteur deux cylindres opposés 85 x 85 d'une puissance de 8HP inclut un nombre de caractéristiques innovantes, tels des culasses démontables et des pistons en aluminium. Le châssis était embouti avec une fourche avant élastique, et la suspension arrière munie de ressorts à lames. Équipées de deux freins tambour, les roues avant et arrière étaient interchangeables. La transmission sur le côté de la machine comprenait un seul disque conique et une boîte 3 vitesses: une conception révolutionnaire!

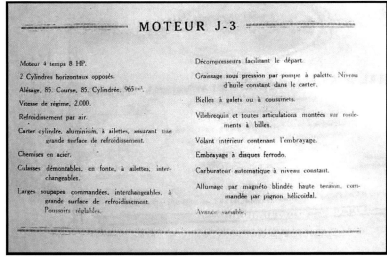

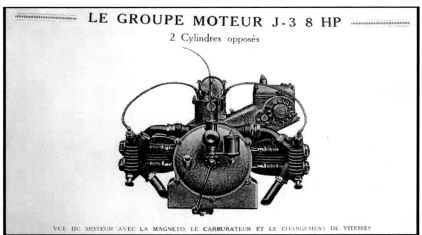

Malheureusement cette motocyclette ne fut pas un grand succès commercial. Certaines personnes la considèrent trop en avance par rapport à son temps, trop coûteuse et trop compliquée à produire. L'une de ces motocyclettes existe aujourd'hui, ainsi qu'une épave se trouvant dans une grange en France.

MOTOCYCLETTE JANOIR

Moteur. — 8 HP J3 85 / 85.

Mise en marche. — Par kick starter avec décompresseur réglable.

Embrayage. — A disques ferrodo, dans le volant du moteur. Commandé progressivement au pied par pédale.

Boîte de vitesses. — 3 vitesses par double baladeur. 3e en prise directe. Verrouillage visible breveté S.G.D.G. sur le secteur.

Transmission. — Par chaîne sous carter étanche du moteur à la boîte de vitesse et de la boîte à la roue AR.

Freins. — Deux freins sur tambour de la roue arrière commandés par pédale au pied et par levier à main sur le cadre avec dispositif de blocage du levier.

Châssis. — Tôle emboutie. Triangulé breveté S.G.D.G. supportant le réservoir d'huile et d'essence.

Suspension. — Avant : par fourche élastique breveté S.G.D.G. ressorts à lames. Arrière : par ressorts à lames dispositif breveté S.G.D.G. Vitesse en palier, 95 km. à l'heure.

Roues. — 710 75, moyeu amovible breveté S.G.D.G. se montant indifféremment à l'AV, à l'AR et sur le side car.

Réservoirs. — Huile : 2 litres. Essence : 16 litres.

Guidon. — Touriste, spécialement désigné pour le confort.

Siège. — Large siège spécial très confortable.

Repose-pieds. — Aluminium strié.

Porte-bagages. — Très large et très robuste en tubes d'acier soudés à l'autogène.

Silencieux. — Double silencieux efficace en tôle d'acier.

Garde-boues spéciaux très larges avec joues.

Support béquille.

Compteur kilométrique et indicateur de vitesse "OS".

Éclairage. — Acétylène "Mégondeaux", Phare avant 120mm, 1 lanterne AR. Bouteille type M.

Fini. — Émaillage brun russe, nickel blanc.

Consommation — 5 litres aux 100 km.

L'épave d'un modèle Janoir attend une restauration en France chez Kees Koster………

....Et ci-dessous l'exemple d'une restauration complète.

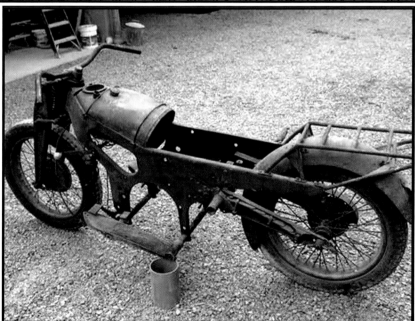

La nouvelle Motocyclette Louis JANOIR

2 cylindres "flat-twin" 85×85 de 8 HP. Cylindres en aluminium contenant une chemise d'acier, culasses démontables, cadre élastique, etc. - - - - - - Conceptions nouvelles très intéressantes. - - - - -

Vue de la Louis Janoir, côté embrayage.

Tout le monde se souvient de la motocyclette exposée par M. Janoir au Salon. Cette machine, une merveille de mécanique était destinée au sidecar, de grand tourisme et ses très nombreux perfectionnements en faisaient une motocyclette très en avance sur les autres : Trop en avance même, disaient certains... Mais n'oublions pas que les motocyclettes Janoir du Salon de l'Automobile étaient seulement les prototypes de motos plus perfectionnées encore, alors à l'étude et au mouvement ont plus de 2.000 kilomètres d'essais sur les roues. Ce sont ces derniers modèles que nous sommes allés étudier chez Janoir, où ces motos sont construites en série dans les ateliers modèles d'où sortaient les fameux avions de guerre.

La nouvelle motocyclette Janoir, dont il nous avait été permis d'examiner les « bleus » au Salon, est une machine différant tout à fait, comme ligne de la Janoir que connaissaient nos lecteurs. La caractéristique principale et aussi peut-être la plus intéressante, c'est son « châssis » en tôle emboutie. Car le

mot cadre ne convient pas du tout à cette construction toute nouvelle. Le châssis est donc en tôle emboutie, triangulée, rivée et soudée à l'avant au raccord de direction. Deux prolongements, donnant vaguement l'apparence d'un animal à quatre pattes à ce châssis, supporte le moteur et les repose-pieds. A l'arrière de ce châssis viennent s'articuler les deux bras, en tôle emboutie, supportant la roue arrière. Notons la largeur inusitée du roulement, supprimant jeu et usure, faciles à rattraper d'ailleurs. Deux ressorts 1/2 cantilever, maintiennent les bras dans une position normale, et assurent la suspension arrière. Leur extrémité mince porte entre 2 rouleaux, près de l'axe de la roue A.R. La fourche avant est aussi construite par des procédés d'emboutissage et fait partie de la classe des fourches, dites oscillantes. Un ressort double à lames, contenu dans la partie supérieure de la fourche, absorbe les chocs dans les 2 sens. Toutes les articulations sont d'une grande robustesse et sont munies de

graisseurs de grande taille. Le guidon en acier spécial, donne une position très confortable et naturelle. Fortes poignées en caoutchouc strié. Les Repose-pieds, en forme de longue planchette, servent de coffre à outillage, solution originale et ingénieuse.

Toutes les roues sont rigoureusement les mêmes. Ce sont des 28 × 3, se montant rapidement et indifféremment à l'avant, à l'arrière ou au sidecar, sans déréglage ni démoulage du moyeu. Deux freins à large tambour sur le moyeu arrière, sont commandés par un levier à main, à secteur, permettant d'arrêter le sidecar dans une côte sans être obligé de le caler avec une pierre, et par pédale. Ces deux freins sont du type à segments, ressorts acier garnis assurant un freinage progressif et sûr. Les garde-boue en tôle d'acier sont très larges, garnies de joue et solidement fixés au cadre.

Le châssis embouti supporte le réservoir d'essence d'une contenance de 10 litres et le réservoir auxiliaire d'huile, contenant 2 litres. La selle est avantageusement remplacée par un large coussin à ressort muni d'un dossier formant baquet.

Disons maintenant quelques mots du moteur, du bloc moteur, pour mieux dire.

Le moteur est à 2 cylindres, horizontaux et opposés de 85 x 85, d'une cylindrée de 903 cm3 donnant une puissance moyenne de 8 HP.

Sa construction est des plus originales. Les cylindres sont en aluminium, fondus d'un seul bloc avec le carter, et contenant une chemise d'acier à l'intérieur. De larges ailettes, d'aluminium par conséquent, donnent un refroidissement parfait ; et ce n'est pas trop dire, puisque ce moteur peut tourner pendant 1 heure au banc d'essai, sans chauffer !

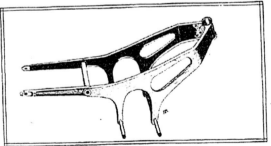

Le châssis en tôle emboutie qui fait office de cadre.

Les culasses en aluminium sont démontables.

Les soupapes sont commandées par culbuteurs enfermés dans les cache-soupapes.

Un disque d'acier, en forme d'assiette

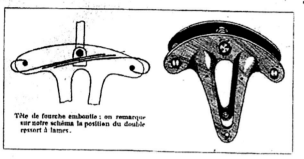

Tête de fourche emboutie ; on remarque sur notre schéma la position du double ressort à lames.

Pignon d'entraînement de la roue arrière montrant la disposition de commande des freins à segment.

est boulonné entre le cylindre et la culasse, et c'est ce disque qui sert de siège aux soupapes.

C'est une solution très moderne et qui j'en suis sûr, plaira à tous ceux

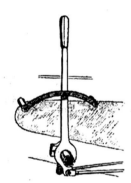

Levier à main des freins à tambour fonctionnant sur le moyeu arrière.

qui s'intéresse à la question du refroidissement par l'air, dans les moteurs à explosion.

Les pistons sont en aluminium, les billes de section ronde, comportant de larges roulements à la tête et au pied. Le vilebrequin est d'une seule pièce et tourne sur de forts roulements à billes. Le volant est enfermé dans un carter spécial et contient l'embrayage, à disque conique unique, garni de Férodo.

Une distribution spéciale commande les soupapes et une vis sans fin donne la démultiplication nécessaire. Un arbre vertical commande d'un côté la magnéto

Quelques détails : culasse démontable, bielle, et robinet dégommeur sur la tubulure d'admission.

et à sa partie inférieure la pompe de graissage.

Le carburateur à niveau constant, est automatique.

Une très forte chaîne enfermée dans le carter, transmet la force à la boîte

Levier de commande des vitesses.

de vitesse, boulonnée sur le moteur même et faisant corps avec lui. Cette boîte est à double balladeur donnant 3 vitesses. Le levier de commande comprend un verrouillage visible sur le secteur. Une chaîne va de la boîte à la roue arrière, protégée par un garde-chaîne.

Telle est dans ses grandes lignes la

motocyclette Janoir. Machine impeccable de construction. Nous la verrons bientôt dans les épreuves de 1920 et c'est alors que nous pourrons la juger à sa juste valeur.

IMPARTIAL.

FAITES CE PETIT CALCUL

L'abonnement annuel à la MOTO-REVUE revient à ... 0.04 centimes par jour. Combien de renseignements utiles, combien de services combien d'articles intéressants trouvez-vous dans chaque numéro ?

- - ..... ? ? ?

Pendant ce temps, Janoir, cet inventeur irrépressible, lança un autre projet. En association avec Monsieur Lawrence Santoni, constructeur d''avions marins' très en demande, ils créent Les Chantiers Aéromarine, connus sous le nom de CAMS. L'année suivante Janoir fonde une autre entreprise, Air Export. Il devient membre des 'Vieilles Tiges', une association prestigieuse d'anciens pilotes de la dernière guerre. Il accéda au comité d'organisation, et au même moment l'adresse de sa 'carrosserie auto' fut transféré au 46-48, Avenue des Ternes à Paris. Son bon ami d'antan, Léon Bethiat, vainqueur de la course Pommery de 1912, ou Janoir termina second, est élu Président de l'Association.

Les carrosseries et les hydravions maintinrent l'attention de Janoir pendant un certain temps, mais bientôt il repartit pour une autre aventure.

Janoir devient un industriel célèbre, mais à 40 ans, reste toujours célibataire!

Cependant selon sa famille, il semblerait qu'un jour, passant à Paris en voiture avec son chauffeur, il aperçut 'une paire de chevilles' marchant dans la rue. Il tomba amoureux des 'chevilles' et proposa à sa propriétaire de monter dans la voiture. La jeune dame-de 20 ans sa cadette - accepta; il l'épousa!

Cette personne était la ravissante Yvonne Chanut, la fille d'une Fleuriste, venue à Paris comme modiste. Elle fut remarquée par la peintre Kees van Dongen .

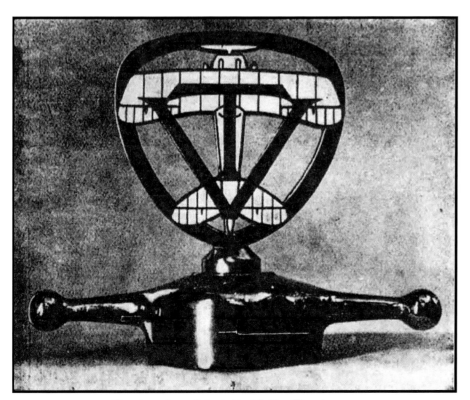

Bouchon de radiateur des 'Vieilles Tiges'

Louis Janoir

Yvonne Chanut

Marié en 1927, Janoir s'installe dans une maison imposante à Rueil Malmaison à l'ouest de Paris. Son fils, Daniel, voit le jour en 1929 et sa fille, Micheline, l'année suivante. Bien que ses usines tournent à plein régime, Janoir perd progressivement intérêt dans l'aéronautique. Il se tourne d'avantage vers la métallurgie et part vers l'Allemagne afin d'explorer les nouvelles techniques utilisées pour la réalisation d'alliages à base de magnésium, ainsi qu'un produit expérimental léger mieux connu sous le nom d'Electron. Cet alliage fut un substitut pour l'aluminium et se révéla d'une très haute résistance. Janoir passa en effet peu de temps en Allemagne, n'appréciant pas ce qui se profilait à l'horizon. De retour à Paris en 1936, il se tourne vers la fabrication de pièces légères pour l'aviation ainsi que de trains d'atterrissage.

A la déclaration de la Seconde Guerre Mondiale et pendant l'occupation de la France, l'empire Janoir commença à se fissurer. La maison de Rueil Malmaison fut réquisitionnée et occupée par des officiers allemands. L'usine de Saint Ouen fut également saisie pour les besoins militaires de l'ennemi.

Opposé à l'occupation, Janoir décida d'agir. Il déménagea l'ensemble des avions et des pièces en construction ainsi que l'outillage spécialisé dans une partie de l'usine couverte par de massives verrières. Il se mit à affaiblir la structure en desserrant les boulons et fixations, et attendit l'arrivée de la neige hivernale. Elle s'accumula sur la verrière, qui finit par céder détruisant tout!

Les verrières bien visibles

Le régime nazi furieux à la découverte de cet acte de sabotage, commença à rechercher Janoir. Il avait déjà mis ses affaires personnelles et archives à l'abri dans un dépôt de la banlieue parisienne, et prit la fuite. Il répartira sa famille en les envoyant séparément dans des endroits différents s'assurant qu'en cas d'arrestation, elle serait loin de lui. Partant vers le centre du pays, il envoya son fils à Clermont Ferrand, et son épouse et sa fille dans un autre endroit. A la fin de la Guerre tout le monde se retrouva de nouveau réuni à Rueil Malmaison.

Ils découvrent alors que le dépôt et les biens de famille déposés avaient été détruit lors des bombardements, et les usines endommagées et à l'abandon.

Janoir, maintenant âgé de 65 ans, offre ses services aux Pouvoirs Publics comme conseiller, mettant en œuvre les principes du contrôle technique pour automobiles pour le Ministère de s Transports. En 1960, à 75 ans, Janoir s'installe à Nice ayant créé auparavant une société immobilière. Mais en 1962 il est victime d'une attaque cérébrale et regagne Paris. Janoir raconta souvent à sa famille nettement plus jeune que les six dernières années furent les pires de sa vie. Il récupère la majorité de ses moyens mais restera frustré de ne pas recouvrer de ses capacités . Un jour, en 1968, son épouse rentrant d'une visite chez sa fille retrouva Janoir décédé à l'âge de 84 ans.

Son fils Daniel, aujourd'hui décédé, suivra son père comme ingénieur et épousa Monique, qui avec sa fille Muriel, ont mis à disposition de nombreux documents et photos de famille, et m'ont relaté de nombreuses anecdotes passionnantes. Louis Janoir, un ingénieur surdoué, pionnier de l'aviation, constructeur automobile et industriel, indiférent à la célébrité et la fortune, préférant se concentrer sur ses idées inépuisables, ses innovations et inventions de toutes sortes. Louis Janoir-un nom peu connu-figurant modestement sur un petit écusson 'Janoir' apposé sur une automobile très spéciale!

La signature de Janoir

Monique Janoir et sa fille Muriel à Paris avec l'auteur et son épouse Jean

Famille et Histoire …

Depuis petite, je vis dans l'écoute émerveillée des histoires et des souvenirs que ma mère nous raconte encore aujourd'hui sur «PAPI JANOIR», son beau-père, cet homme qui a toujours su mêler élégance, bienveillance, droiture (physique et morale), intelligence de tête et de cœur.

Pourtant, un petit regret a souvent accompagné ces moments de retour aux sources de notre Histoire familiale : l'humilité de LOUIS JANOIR, sa recherche de l'Utile au détriment du Futile, l'a freiné dans la diffusion d'informations concernant ses réalisations, ses rêves, ses audaces: en effet, mon grand père était un homme qui était dans le SAVOIR FAIRE et surtout pas dans le FAIRE SAVOIR.

Ce grand inventeur, tête brillante au supplément d'âme à la hauteur des étoiles n'a jamais fait parler de lui, n'a jamais clâmé ses succès et est toujours resté ses (grands) pieds bien ancrés sur terre! Et c'est sans doute aussi ce qui lui a permis de décrocher ses propres étoiles!

Mes souvenirs de (très) petite fille me renvoient à un homme d'une grande dignité, au sourire doux et aux bras immenses qui m'accueillaient et dans lesquels je me blottissais avec un ressenti de sécurité et de bienveillance totale.

Je ne savais rien – à l'époque – de son génie, de ses rêves, de ses «échappées belles» entre ciel, terre et mer… Je les ai découverts, entendues, un peu reconstituées grâce à ma mère qui a toujours veillé à le garder bien vivant et présent dans notre famille et dans nos cœurs.

Aujourdh'ui, JIM MERRINGTON lui offre – comme à nous - le plus grand des cadeaux et des hommages : éclairer cet Ingénieur visionnaire à la lumière de sa passion et de ses convictions : la Recherche et l'Invention technologique au service du Progrès pour tous, de l'Excellence durable et du Dépassement de soi pour le bien du plus grand nombre !

« Ingénieur Humaniste » sera finalement la réponse que je donnerai à la question « et toi, ton Grand Père, il faisait quoi ? »

MERCI Jim - du fond du cœur - d'avoir donné ce lien et ce liant à notre Histoire de famille …

4 étoiles jadis filantes s'arrètent à présent pour parcourir les pages de ton livre: LOUIS JANOIR, son épouse YVONNE ainsi que son fils DANIEL et sa fille MICHELINE savourent sans aucun doute les lignes et images passées de ce magnifique recueil de souvenirs.

Et que l'Aventure continue!

Muriel BESSIOUD née JANOIR, petite fille de LOUIS JANOIR

LES "VIEILLES TIGES" SONT TOUJOURS VERTES

es 32 survivants des 200 pionniers fêtent le demi-siècle de l'aviation française

Les pionniers survivants fêtent le demi-siècle de l'aviation française.

Les amis de Janoir sont à l'honneur sur certains timbres cent ans plus tard- Henri Pequet, le premier pilote de l'aéropostale, et Adolphe Pégoud premier à sauter par parachute.

Louis Janoir à bord de sa Delage avec son berger allemand " Belle "

Janoir retraité

Le quartier du Canada a connu avant la guerre 14-18, une activité aéronautique très importante. Le 24 août 1913, 50 000 spectateurs sont venus assister sur les rives de la Seine, à l'envol des neuf concurrents de la course Paris-Deauville en hydroaéroplane.

DE RETOUR .....

En septembre 2011, Muriel Janoir Bessioud, petite-fille de Louis Janoir, déménagea de Bougival, près de Versailles, pour s'installer à quelques kilomètres de là au Pecq sur les bords de Seine. Traversant le pont devant son nouveau domicile pour admirer sa maison de la berge d'en face Muriel découvre une plaque d'information: une photo de son grand-père décollant du même endroit à bord de son Deperdussin......
Ce fut en effet le départ de la course aéronautique Paris-Deauville du 24 août 1913, et cette plaque fait état d'un nombre impressionnant de 50.000 spectateurs. Aucun membre de la famille n'était au courant de cet exploit avant de venir s'installer au Pecq!

Il est fort possible que l'un des spectateurs observant ce décollage du Château du Pecq, acquis l'année précédente pour la somme importante de 400. francs, soit un certain Louis Delage!

Il ne pouvait pas savoir que ce jeune homme audacieux assis dans sa machine volante produira par la suite l'une des plus rares et innovantes carrosseries monté sur une automobile Delage!

LA TRANSFORMABLE......
DE LA BERLINE AU TORPEDO.

'C'EST UNE TRANSFORMABLE?'

Dans le monde de l'automobile ancienne, le terme 'transformable' peut dire différentes choses!
Au strict minimum, c'est une voiture dotée d'une toiture assez solide, mieux qu'une simple capote, et au mieux une sorte de coupé muni de vitres diverses et pas que de simples déflecteurs. Certains constructeurs produisent des systèmes imperméables, mais le summum en style, efficacité et qualité est sans doute la Transformable Métallique par Janoir, de Paris. Seulement trois exemplaires sont connus sur châssis Delage de nos jours.

Rendons hommage ici à Gustave Baehr, carrossier parisien, qui fut le premier à breveté, en 1912, la conception d'une caisse transformable, en y ajoutant types de vitres et toitures par la suite. Quelques exemples existent avec vitres qui se replient dans les portières. Son œuvre fut d'une grande inspiration pour de nombreux carrossiers suivants.

La création par Louis Janoir de cette caisse si spéciale, qu'il fabriqua très probablement pendant seulement un an après son invention, devient le bien commercial de la maison Delage. Mise en vente par Delage vers 1927 en tant que la Transformable Delage, sans aucune mention faite de Janoir et sans qu'aucune voiture ne portera sa plaque de constructeur.

Il est cependant certain qu'en décembre 1923, Janoir a fait une demande de dépôt de brevet (Numéro 574,502) pour l'amélioration d'une caisse transformable comprenant des vitres re pliables et montées sur un pilier central , mais cette demande ne fait aucune mention de la structure de la caisse elle-même.

La caisse de Janoir comportait des vitres qui se rabattaient horizontalement! A un moment donné il est possible que Janoir et Delage aient trouvé un accord en s'associant, ou peut-être que Janoir ait été autorisé à utiliser le brevet Delage en apposant son nom sur la plaque de carrosserie. (Il existe une Delahaye Type 84 sur châssis de 1923 sur lequel est posée une caisse Janoir Transformable Métallique). Malheureusement les détails de ces arrangements commerciaux ont disparus.

Pourquoi 'Transformable Métallique'? On trouve la réponse dans le nom. 'Transformable' ou Transformab-le' est simple. La voiture passe d'une torpédo 5 places (ou de 7 places avec strapontins) pour devenir une berline parfaitement étanche. Cette voiture incorpore des supports de toit sécurisés et une capote rembourrée: pare-brise en deux parties, vitres trempées (gravées 'Glace Securit') ainsi qu'un montant central rabattable et une petite fenêtre à l'arrière encerclée de laiton.

Les finitions d'intérieur de l'habitacle Janoir comprennent des boiseries des portes et du tableau de bord en acajou poli et en marqueterie. Sur les lève-vitres, poignées extérieur et intérieur on trouve des motifs Janoir. Sur le montant central se trouve le numéro du modèle. Une reproduction factice de la signature de Janoir figure sur les plaques ovales numérotées apposées sous les portes de chaque côté de la caisse

Marqueterie sur le dessus des portes...

....et sur le tableau de bord. A noter l'encart pour la poignée droite du conducteur

La plaque 'Métallique' est également spéciale et se réfère au cadre démontable assez volumineux mais néanmoins léger fait avec un alliage d'aluminium. Fixé au châssis, cet ensemble devient une caisse de forme quasiment monocoque, une conception bien connue de Janoir depuis la construction d'avions et son passé d'aviateur. Sur ce cadre sont posées les quatre portes courbées et arrondies avec des glaces remontantes rivetées, un pare-brise en deux pièces, le plancher et le tablier pare-feu.

Deux montants centraux vitrés se déplient vers le haut en sortant de deux petits 'placards' logés dans les pieds centraux, le tout formant une partie central très solide...et le secret Janoir? Les pièces de la caisse sont démontables et toutes les pièces 'mécaniques' restent interchangeables. La portière avant peut être montée à l'arrière, tel est la précision de cette structure métallique. Des portes-roues en aluminium pouvaient être installés de chaque côté du véhicule.

Janoir avait donc créé le précurseur de la coque d'une voiture moderne et une 'carrosserie' capable d'être assemblée par un atelier compétent n'importe où il restait à Janoir (ou à Delage) de fournir les pièces. Tout cela à une époque où les cadres en frêne, recouverts de toile, contreplaqué ou autre matière, avec des portières souvent mal ajustées, passaient pour de la carrosserie.

le montant central vitré est rabattable

....et rangé

Il existe des preuves que Janoir avait mis à disposition une caisse un peu plus large afin d'accommoder un toit fixe en cuir muni de quatre arceaux et trois vitres de chaque côté. La Transformable plus répandue fut munie de deux vitres ainsi qu'une petite fenêtre à l'arrière encadrée de bois. Un support en bois poli, sur lequel sont fixés les arceaux, sert de pilier de porte lorsque la capote est dépliée.

La première publicité de Janoir fait état de la légèreté de la voiture et de sa conception. La publicité de Delage attire l'attention sur sa flexibilité et le 'système' permettant l'utilisation du véhicule avec les vitres et montants en configurations diverses, du fermé à la torpédo découverte. Même sans les côtés en place, la voiture pouvait être conduite à toute allure sans risque pour le toit.

Janoir habituellement fournissait ses réalisations pour des châssis de Delage DI. Cependant il reste un exemplaire sur châssis Delahaye, aux Etats Unis. Récemment, l'épave d'une caisse Janoir fut retrouvée au Chili sur une 'spéciale'. De mars à août 1926 Delage construira 1821 exemplaires de la série DI 5, comme celle qui figure dans ce livre. Les numéros de châssis allaient du 20.801 au 22.799 (y compris 145 Versions 'coloniales'). Nous ignorons si les numéros d'usine Janoir se limitaient aux Métalliques ou comprenaient la totalité des modèles Janoir produit simultanément. Les numéros d'usine des Métalliques recensées à ce jour sont les 121, 188 et le 204.

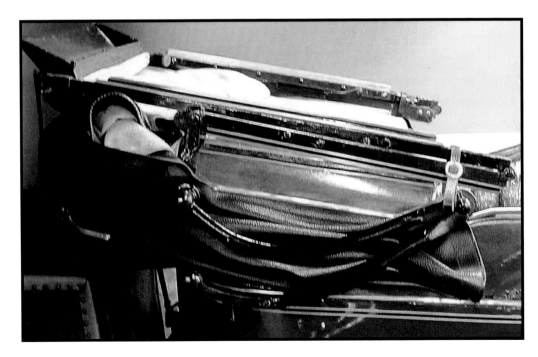

Capote et pilier repliés

.... et relevés avec les arceaux verrouillés

La publicité Delage de 1927 en Angleterre proposait une berline DI de 14 chevaux au prix de £530, avec un modèle transformable pour £620. La version luxe fut en option. Delage laissait la liberté à ses clients de choisir leurs propres carrossiers et de faire livrer directement les pièces et les châssis. La brochure Delage fait éloge de tous ces avantages et qualités. Pour une construction si robuste il est surprenant que seulement trois exemplaires restent intacts. Sans doute, certains pièces de carrosserie Janoir furent incorporés dans d'autres voitures et peut-être qu'il en reste d'autres à découvrir. Le prix de récupération de l'aluminium en est aussi probablement responsable.

Tout au long de sa vie, Janoir mettra à contribution son expérience de constructeur d'avions ainsi que sa formation acquis chez les constructeurs d'automobiles devenus célèbres, pour développer ses nombreux brevets. Ceux-ci comprenaient des vitres coulissantes, des systèmes de fermeture de portière, diverses méthodes de pliage des poutres centrales et des cadres de caisse. Tout ces dépôts de brevet sont très détaillées et dessinées à la perfection, et furent déposé en France, en Allemagne, Aux Etats Unis et au Royaume Uni. On dit que Janoir inventa le premier essuie-glace arrière!

La restauration récente d'une Transformable Métallique aux Pays Bas offre un regard unique sur la construction de la caisse aluminium, reproduit ici pour la première fois. En tout, seize pièces coulées forment la structure ressemblant à un traîneau autour duquel la voiture transformable est construite.

LES SECRETS DE LA CAISSE EN ALUMINIUM JANOIR.

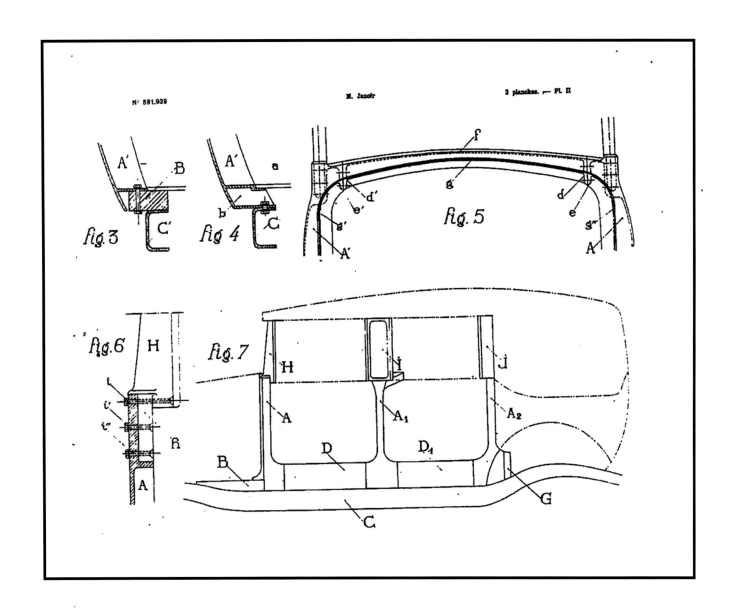

fig. 3

fig. 4

fig. 5

fig. 6

fig. 7

1. Plaque avec la signature de Janoir

2. Publicité de la transformable en aluminium

RÉPUBLIQUE FRANÇAISE.

MINISTÈRE DU COMMERCE ET DE L'INDUSTRIE.

DIRECTION DE LA PROPRIÉTÉ INDUSTRIELLE.

BREVET D'INVENTION.

X. — Transport sur routes.
1. — Voitures.

N° 591,939

Perfectionnements apportés à la fabrication des poutres de carrosserie.

M. Louis JANOIR résidant en France (Seine).

Demandé le 21 janvier 1925, à 14ʰ 35ᵐ, à Paris.
Délivré le 20 avril 1925. — Publié le 21 juillet 1925.

3. Le brevet d'invention pour la carrosserie

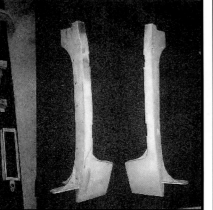

4. Les seize pièces coulées de la caisse

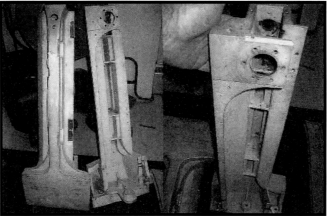

5. Les poutres centrales

6. Les pièces du bas et les fenêtres

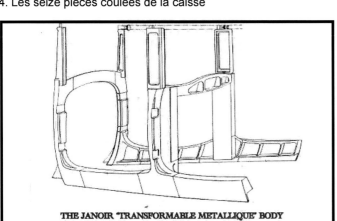

THE JANOIR "TRANSFORMABLE METALLIQUE" BODY

7. Plan pour l'assemblage des pièces coulées

8. Pièces coulées assemblées

9. Portes en position

0. La ceinture de rotonde en place

11. L'intérieur

12. Prêt à poser sur le châssis

3. La caisse est alignée avec le tableau et le pare-feu

14. Vue de l'arrière avec pare brise positionné

15. Arceaux en position

. Structure du toit en place

17. Verrous du toit et pare brise

18. Arceaux de capote

19. Présentation de la fenêtre arrière

20. Caisse et toit en position

21. Départ chez le carrossier

22. Prêt pour les panneaux

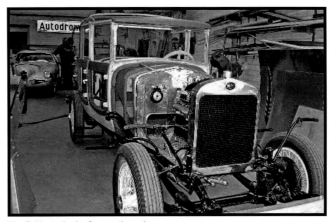

23. Début de la formation des panneaux

24. Partie arrière et portes en tôlées

25. Avant formé

26. Ailes arrière en position

27. Marche pieds posés

. Capot en position

29 Le montant central

30. Verrou du montant central

. Verrou de la capote

32. Rangement de la fenêtre centrale

33. De retour

Prêt pour la cabine de peinture

35. Essais sous la neige

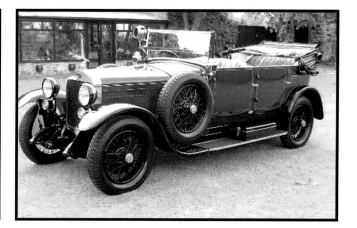

36. Une fois terminée la voiture sera comme ça!

DELAGE LANCE LA TRANSFORMABLE

Le transformable parfait doit réunir
sans en excepter une seule,
toutes les qualités des 2 voitures types :
le torpedo, la conduite intérieure.

Le transformable Delage offre en
une voiture légère et élégante :
la meilleure des conduites intérieures,
le plus confortable des torpedos.

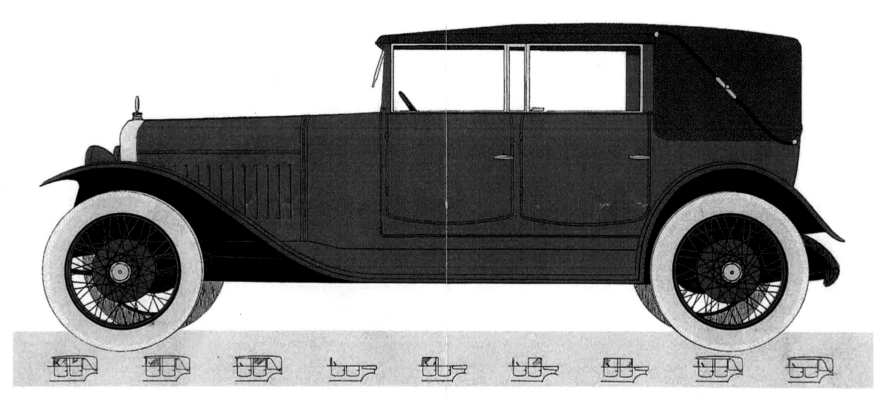

LE TRANSFORMABLE système DELAGE
EST RÉELLEMENT LE TRANSFORMABLE PARFAIT

les principaux avantages que nous décrivons plus loin le démontrent grandement.

LE TRANSFORMABLE PARFAIT

Ses 4 glaces se manœuvrent de l'intérieur

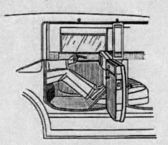

au moyen d'un lève-glace, d'un maniement très doux et d'un mouvement rapide.

a) Chacune des glaces peut être immobilisée à la hauteur désirée;

b) Pendant que la voiture roule, même à vive allure;

c) Sans avoir à démonter des glaces ou à manœuvrer des pièces encombrantes et fragiles;

d) Et sans que les passagers aient à quitter leur place.

Il se transforme de torpedo en conduite intérieure ou inversement

Sans avoir à monter, démonter ou dissimuler des glaces ou des pièces encombrantes et fragiles.

Il est mécanique

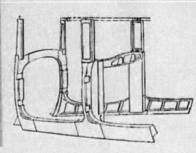

a) Non seulement pour les pièces qui touchent à son brevet;

b) Mais même pour un grand nombre d'autres pièces importantes telles que : pieds de caisse, montants intérieurs, ceinture AV et AR, pied intermédiaire, pare-brise, bas de marche, porte-roue, etc...

Ses portes s'ouvrent de l'AR. vers l'AV.

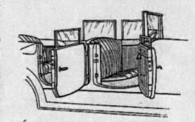

Ce qui supprime des causes d'accident et augmente la sécurité des passagers (surtout lorsqu'il y a des enfants).

a) Plus de pincements de mains toujours possibles avec les charnières au centre;

b) Les portières sont continuellement sollicitées dans le sens de la fermeture;

c) Au contact d'un obstacle, elles tendent à se fermer au lieu de créer une résistance.

Ses entrées de portes sont vastes et franches

a) Sans échancrure à l'AV ou à l'AR. — *b)* D'un cintre et d'un galbe harmonieux.

c) Avec des charnières à rattrapage de jeu.

Il est léger

Parce que ses pièces mécaniques sont en un métal spécial des plus légers et d'une très grande résistance.

Il est silencieux

Grâce à l'ajustage parfait de ses pièces qui sont réellement mécaniques et grâce à son auvent entièrement souple relié à la planche tablier par l'intermédiaire d'une liaison déformable. Essayez, vous jugerez.

Interchangeabilité

a) Les pièces mécaniques usinées et ajustées aux Usines Delage avec un outillage spécial sont rigoureusement interchangeables;

b) De plus un très grand nombre de pièces, telles que : glaces, portes, pare-brise, capote, etc... deviennent de ce fait également interchangeables.

[TURE LÉGÈRE ET ÉLÉGANTE :

LA MEILLEURE CONDUITE INTÉRIEURE

La visibilité y est parfaite

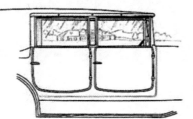

a) Le montant de pare-brise servant de pied de caisse est mince et ne gêne en rien le conducteur;

b) Le montant intermédiaire entre les glaces de côté étant presque entièrement en glace, est très peu visible.

Ce n'est pas une voiture froide

a) Son armature métallique permet un ajustage mettant les passagers à l'abri de l'air et du vent;

b) Grâce à des pièces, non seulement métalliques, mais *mécaniques* qui s'ajustent parfaitement.

Elle est plus agréable à utiliser qu'une conduite intérieure

Du fait de son grand silence obtenu par :

a) L'ajustage parfait des pièces mécaniques;

b) Son auvent entièrement souple.

Elle est moins lourde que la plupart des conduites intérieures

LE PLUS CONFORTABLE TORPEDO

Il est possible de rouler :

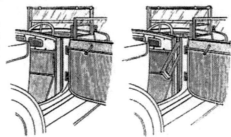

La capote relevée ou rabattue, les glaces baissées ou levées chacune à la hauteur désirée.

Mouvement du pied intermédiaire.

La capote rabattue
(ne couvrant pas les passagers)

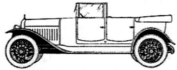 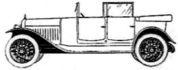

a) Avec les glaces AV levées formant ainsi un déflecto parfait;

b) Avec les glaces AR levées formant alors le meilleur des "écrans protecteurs" pour les passagers AR.

La capote relevée (couvrant les passagers)

a) Avec ou sans le montant intermédiaire relevé;

b) Avec les glaces levées d'un côté;

c) Avec les glaces complètement levées;

d) Avec les glaces ouvertes en quinconce.

Vous pouvez choisir votre carrossier

Nous nous adressons aux meilleurs carrossiers pour l'exécution des voitures de ce type.

Cependant vous pouvez vous-même choisir votre carrossier et, d'accord avec lui, nous commander vous-mêmes l'armature métallique brevetée nécessaire à la construction de votre caisse, en le stipulant au moment de votre commande de châssis.

Dans ce cas, moyennant un supplément à ajouter au prix de votre châssis nu, nous vous fournirons toutes les pièces mécaniques interchangeables usinées, assemblées par nous et nécessaires à votre carrossier.

Immobilisation en carrosserie très brève

a) Les garnitures métalliques pouvant être prêtes à l'avance ;
b) Les travaux de forge étant presque entièrement supprimés ;
c) La menuiserie réduite au minimum ;
d) La peinture supprimée si l'on fait choix d'une garniture en simili cuir.

S'établit en deux modèles

Normal 4 ou 6 places. — Normal luxe 4 ou 6 places.
Pour nos Prix consulter nos tarifs en cours.

Le transformable système Delage

Est donc la voiture de l'avenir, la seule qui permet de rouler par tous les temps et par toutes les saisons. Elle se manœuvre rapidement et facilement, élégante, pratique et robuste, elle répond à l'exigence des clients les plus difficiles.

LE TRANSFORMABLE
SYSTÈME
DELAGE

140, CHAMPS-ÉLYSÉES, PARIS

codes :
Lieber. — A. B. C. 5 th et 6 th. — Bentley. — A. Z.,
The Motor Telegram.
téléphones :
Elysées 24-33, 24-34, 24-35, inter-22
adres. télég. : *delajauto-paris*

Cette photographie d'une Delage DI Janoir Transformable avait été publiée dans 'MotorSport' en juillet 1975. Son chauffeur se souvenait qu'elle fut construite par Weymann et livrée par Smiths of London. Par la suite elle devint la propriété de la famille Dennis. Ou se trouve-t-elle aujourd'hui?

Cette photographie publiée avec une annonce de vente en 2007, illustre certains éléments d'une caisse Janoir en aluminium incorporés dans sur une DI 'Spéciale' à Santiago du Chili.
Des pièces du mécanisme de la capote ont été ré utilisées.
Fut-ce le sort d'autres Janoirs?

LES TROIS JANOIRS !

- les Delage 'Transformable Métallique' de Louis Janoir,
Saint Ouen, Paris qui ont survécu

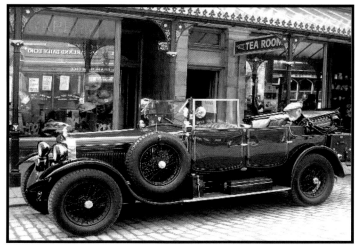

Delage DI Série 5 1926

Châssis 22234.   Moteur 8818

Numéro Janoir 188

James P. Merrington,
Brancepeth,
Durham. Royaume Uni

61
1926 DELAGE D1 ALL WEATHER TOURER/CABRIOLET
Swiss Registered
Chassis no. 22234
Engine no. R4 8818
Blue with black wings.

Engine: four cylinders in line, overhead valve 2100cc; Gearbox: four-speed manual; Suspension: Leaf spring front and rear; Brakes: four wheel mechanically operated drum. Right hand drive.

In the early 1920s, the arrow-straight Routes Nationales of France, with their far horizons, helped to breed a uniquely Gallic thoroughbred automobile. These grand tourers were rugged, to withstand the hammering of ancient stone-set paved highways, relaxed, easy-running over a long day's driving, and they were frugal because petrol was not a cheap commodity. Louis Delage began making fast automobiles in 1906, diversified into Grand Prix and other front-line racing and after the Great War produced a range of very sound touring models. He was one of the pioneers of four-wheel brakes, using them on his racers for the 1914 French Grand Prix; in 1920 he became one of the first manufacturers to incorporate the system on a production car. As specialist French makers were inclined to do in the 1920s, Delage offered cars ranging from 11 hp to an advanced 80 mph six litre 40/50 hp giant. But his great success was built on the four-cylinder D1 series of beautifully balanced fast touring cars. Performance was exceptional, with comfortable suspension, light and responsive steering, good roadholding.

This particularly impressive creation would have been called an all-weather tourer in England but perhaps a cabriolet in its native country. Noteworthy are the folding window framings and the twin side-mounted spare wheels. There was no doubt - the Delage was a classic, recognised as such early in its career, valued by the discerning collector from the very earliest days of the Vintage car movement.

Catalogue de vente Christies

ette voiture, dans un état d'origine remarquable, est arrivée en rande Bretagne de la Suisse ou elle fut mise en vente par Christies lundi 17 mai 1999. Elle provenait de la collection privée d'Henri ursteller, un restaurateur de véhicules anciens de longue date, et onstructeur de camions spéciaux.

tant passée entre les mains de diverses personnes en Grande retagne en prenant de la valeur à chaque reprise, elle fut achetée ar l'auteur Qui, après une révision complète, se mit à découvrir histoire de son concepteur.

a collection de voitures anciennes Dursteller fut vendue à Genève par maison Christies, qui par la suite aida beaucoup l'auteur en lui urnissant les catalogues de vente d'époque ainsi que d'autres nseignements précieux.

ais ce fut Patrick Delage, arrière petit-fils du fondateur de la arque qui a lancé ces recherches en répondant à une demande information sur Janoir qui a été publiée dans 'La Vie de l'Auto', la incipale publication de l'automobile ancienne en France.

Peu d'information sur la voiture furent disponibles mise à part les Plaques 'Janoir' et une petite plaque argentée fixée sur la porte du passager avant et sur laquelle était lisible 'Louis Michon, Ingénieur, OLORON, BP': était-ce le nom du concessionnaire ou même le premier propriétaire?

le nom du premier propriétaire?

En arrivant à une maison au bord de l'eau à Oloron, le convoi fut accueilli par Georges Michon, le petit fils de Louis Michon, propriétaire de la voiture en 1926- et Georges possédait des documents originaux et des photos en appui!

Georges Michon réuni avec la voiture de son grand-père

Après de nombreuses recherches infructueuses, une seule démarche restait à entreprendre-aller jusqu'à Oloron pour voir sur place. Les premiers trois jours ne donnèrent rien, mais une conversation purement par hasard avec un garagiste le dernier jour du séjour porta ses fruits. Ce garagiste avait entendu parler de Louis Michon! Après quelques appels téléphoniques rapides il ferma les portes de son garage et demanda qu'on le suive.

Louis Michon

Louis Michon était ingénieur chargé de la construction de canaux et tunnels dans les environs et utilisait sa Delage pour gagner sa maison de vacances au nord du pays. A sa mort en 1940 la voiture passa à son fils, et vers 1962 il la vendit à un certain M. Dufau, garagiste à Biarritz (voir ci-dessous). Il la céda et par la suite la voiture se trouva dans la collection d'Henri Dursteller en Suisse. La voiture, toujours en état d'origine, et après une révision complète, participa à des nombreux rallyes.

Louis Michon casse la croûte avec ses deux fils lors du passage du Tour de France en 1928. Pierre (à gauche), le père de Georges, hérita de la voiture

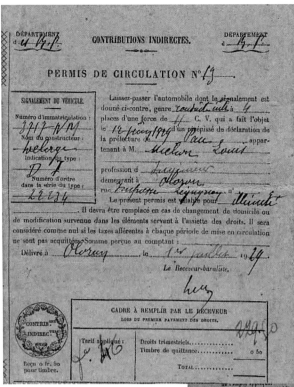

permis de conduire au nom de Louis Michon

Madame Michon se réchauffe les mains sur le radiateur un jour de froid!

vignettes à jour jusqu'en 1934

Intervention de la police espagnol-mais uniquement pour la photo!

La Princesse Elisabeth de Chimay inspecte la voiture dans son château

De retour à Oloron, sa ville d'origine

Delage DI, Série 5 1926

Châssis 22250, Moteur 8981
Numéro Janoir 204

André Dufau,
Anglet,
Biarritz, France.

Vendue par le concessionnaire de Delage au Royaume Uni, J.Smith & Co, et munie de toutes ses plaques, il semblerait que cette voiture fut

immatriculé 'AHL 1' à l'origine. Cependant, elle porta le numéro 'YU 569' à Londres en 1927. Trente ans plus tard un certain Graham Broad, de Brighton, la découvre dans un jardin à Brighton et l'achete pour £25. Il la restaurera et participera à une sortie du Delage Owners Club en 1957. En 1968 on la retrouva à Thirsk dans le Yorkshire, et l'année suivante elle fut vendue à R.J.d'Orsagna. Repeinte en jaune, on la voit sur une photo prise en Espagne. Il est possible qu'elle soit partie vers les Etats Unis, mais elle fut vendue la dernière fois au Salon Retromobile en 1992. L'auteur la retrouva à Anglet, dans les mains de M. Dufau , collectionneur avéré.

Photographiée en Espagne?

M. Dufau présenta sa voiture sur une estrade dans un garage à Anglet afin de l'exposer au mieux. Il l'utilise régulièrement lors des sorties de vieilles voitures et reste satisfait de son état actuel car elle marche très bien.

Il possède de nombreuses voitures de toutes les époques, y compris des ancêtres. André hérita de sa passion pour les voitures anciennes de son père, François, l'un des premiers propriétaires de taxis à Biarritz, qui restaurera et vendra des voitures après la Guerre. Il se souvient de la Janoir Michon étant passé près d' Oloron, dans un garage, avant d'être vendue à un toulonnais.

Rendant visite à André à Biarritz

Aujourd'hui repeinte en bleu, et muni d'une mascotte 'Esprit du Vent' sur le radiateur, cette automobile dispose d'un pare-brise unique à l'arrière qui s'ajuste verticalement. Elle est dotée d'une plaque sur laquelle on voit 'Pare-Brise Eyquem - Le Télescopé'. Cette société fabrique toujours des pare-brises.

Cette voiture me porte que la plaque signé Janoir avec le numéro 204 fixée sur le pare-feu, et qui est conforme avec la plaque CI 204 apposée sur la ceinture de rotonde.

Plaque Janoir avec signature: 204

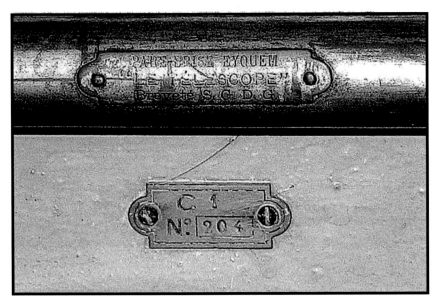

Fabriquant du pare-brise arrière et plaques du modèle

Pare-Brise arrière

Concessionnaire d'origine- Smith's

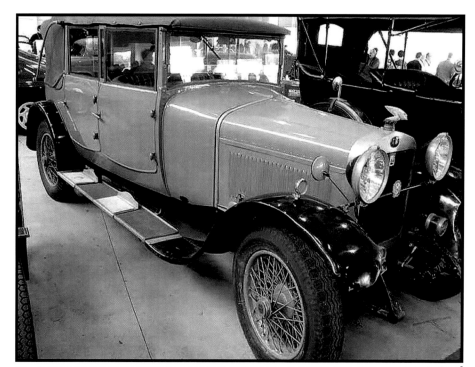

Compte tour

Photos prises lors d'un salon en Espagne

Delage DI, Série 5 1926

Châssis 21952 Moteur 7973

Numéro Janoir 121

Jaap van Wijk

Wijk en Aalburg,
Pays Bas

Le jeune fils de Jaap supervise le chargement (voir page 104)

Jaap van Wijk, amateur de voitures anciennes, avait acheté cette voiture en triste état en 1978 - était restée au fond d'une remise pendant dix ans!

En premier lieu, Jaap pensait qu'il avait acheté uniquement le châssis d'une Delage, mais en demandant si d'autres pièces étaient incluses dans le lot, on le conduisit dans une autre grange. Lá, il trouva ce qu'il restait d'une Janoir 'Transformable Métallique'. On chargea tout sur un camion et on l'emmena chez Jaap. Et la voiture commenca un nouveau sommeil de 33 ans au fond de son garage!

La voiture lors de son acquisition en 1978

Jaap rend visite à l'auteur en Angleterre pour prendre des renseignements , photos et cotes-ensuite commence un travail de longue haleine pour la restauration de la mécanique et de la carrosserie.

Oeuvre de J.A.W.von

La restauration du châssis roulant avance

Le premier propriétaire connu de cette voiture fut J.A.W.von Stein, artiste et écrivain, qui l'avait acquise en 1930 et s'en servit chaque jour (à l'exception des années de guerre) jusqu'en 1951. En 1935, M. von Stein avait conçu une petite caravane qu'il remorquait derrière la Delage à travers la France. Plus tard il visita le Maroc avec la voiture. Il illustra une carte touristique mettant la Delage sur la couverture, et, en toute probabilité, son propre portrait.

J.A.W.von Stein chez lui

Une ancienne photo de la Delage de Jaap (sans date)

À la mort de J.A.W.von Stein en 1965, la voiture passa à une cousine, Madame Nijhuis, qui la confia à un restaurateur, mais ce dernier décéda avant la fin du travail. Elle la vendit en 1968 à un certain H.Stuurman. La voiture sera stockée dans diverses granges par Monsieur Stuurman à Zoonstreek, au nord d'Amsterdam.

Elle fut redécouverte, en partie 'canibalisée', par Jaap, qui réussit à l'acheter. 27 ans après il commença son projet de restauration, fort coûteuse, ce qui a permis de photographier une carrosserie Janoir, si particulière, pour la première fois. Le programme de restauration entamé par Jaap du début à quasiment la fin se trouve ci-avant (pages 72 à 75).

Essai du châssis roulant

La restauration du moteur est terminée

La plaque de propriétaire de J.A.W. von Stein
se trouve toujours sur la voiture!

La restauration prend du temps! Taco, le fils de Jaap, est marié
et père de famille maintenant....mais le travail continue (voir page 99}

JANOIR L'INVENTEUR......

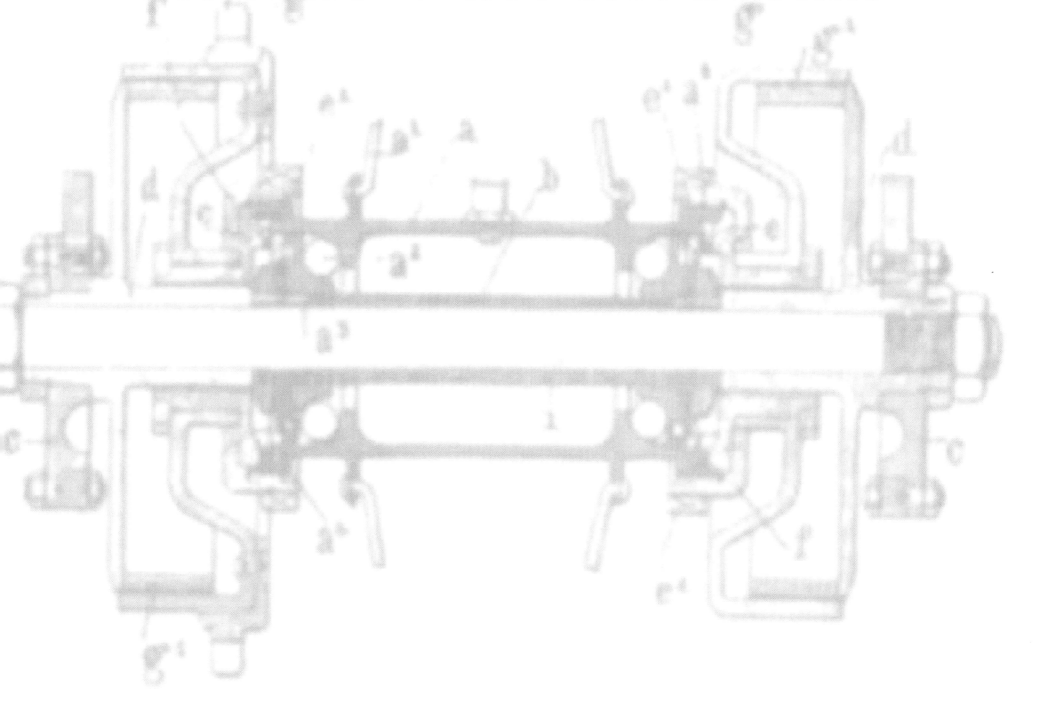

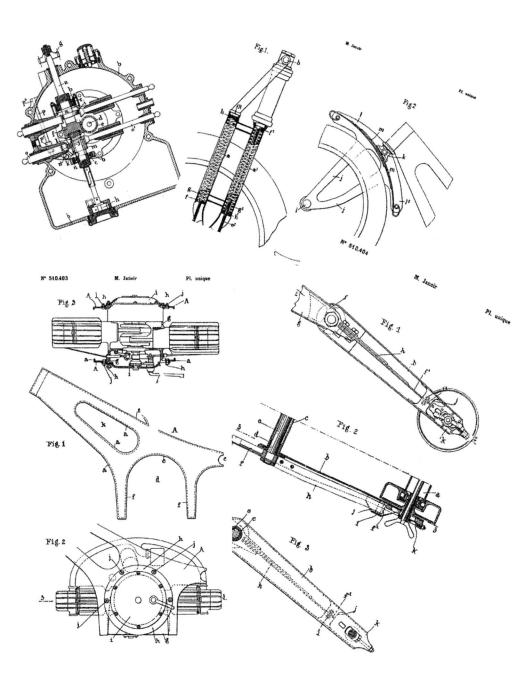

Les archives du Bureau des Brevets Européens révèlent la très grande largeur d'esprit de Louis Janoir. En 10 ans il déposa plus de 30 brevets couvrant des inventions dans le domaine de l'aéronautique, l'automobile et les motocyclettes. Ces brevets furent déposés aussi bien en France, qu'en Allemagne, au Royaume Uni et aux Etats Unis.

En Parfaite conformité avec son intérêt de première heure pour l'aéronautique, et les hydravions en particulier, l'un de ses brevets initial, déposé en 1917, concernait une coque sur laquelle on posait des 'marches' car il avait découvert que cela facilitait le décollage et l'atterrissage de l'appareil. Par la suite, suivra un nouveau système pour la fixation du capot de moteur d'hydravion, ainsi que des améliorations aux fuselages de ses appareils. En octobre 1917, il inventa des structures tubulaires métalliques à assemblage rapide, probablement destinées pour les flotteurs des hydravions.

En août 1918 il eut l'idée de fabriquer en contreplaqué des pièces préformées de fuselage de type monocoque.

Ensuite viennent les motocyclettes Janoir! En 1918 il conçoit une roue équipée de deux tambours de frein, et l'année suivante une suspension pour moto avec amortisseurs à ressort à l'arrière de la machine et des ressorts à lames à l'avant. Janoir donnera une forme plus aérodynamique à ses motocyclettes, renfermant le moteur et la boîte de vitesses dans une tôle afin de mieux protéger le pilote. Par la suite, il inventa de nouveaux systèmes de suspensions, de freinage, des perfectionnements aux boîtes de vitesses et aux sélecteurs, de nombreuses améliorations aux moteurs y compris ceux de deux cylindres opposés.

Plus tard l'automobile passera au premier plan: des mécanismes pour toits, des piliers centraux pliants et des systèmes de lève-glaces. En 1924, Janoir déposa un brevet pour une voiture de sport munie d'un système de suspension spéciale entre la caisse et le châssis.

L'année 1925 fut celle d'un progrès majeur-une caisse faite de pièces détachées en aluminium, qui une fois assemblées par boulons, formaient une ossature en combinaison avec le châssis! Dans le texte du dépôt de brevet, Janoir vante les qualités de cette nouvelle invention, parmi lesquelles la diminution des coûts de production vu la réduction du temps de travail, la fabrication des pièces en fonte d'aluminium, l'interchangeabilité des pièces et l'absence de déformation de la caisse par comparaison à celles en bois qui travaillent' selon les conditions atmosphériques.

Il est évident que Janoir devait avoir vait accès à un bon approvisionnement d'aluminium, et selon les dires de la famille, il possédait probablement une mine de bauxite dans le sud de la France. Ceci est d'autant plus probable du fait d'un brevet déposé pour la purification de soufre et d'autres traitements de la bauxite, base de la production d'aluminium. Donc, Janoir avait sa propre mine de bauxite!

Entre 1925 et 1926, Janoir développa ses travaux de carrosserie. Parmi les brevets: un système de verrouillage de porte déposé dans quatre pays, des vitres glissantes, l'amélioration du mécanisme de lève-vitre, des vitres non-vibrantes et un joint flexible à mettre entre la caisse et le tablier et le capot afin de diminuer les vibrations.

Vers les années trente, Janoir déposa moins de brevets, même si il maintenait son fort intérêt dans la métallurgie. Il partira en Allemagne pour rechercher de nouvelles techniques utilisant des alliages au magnésium et travailla sur l'Elektron, un métal léger avec lequel il fabriqua des trains d'atterrissage.

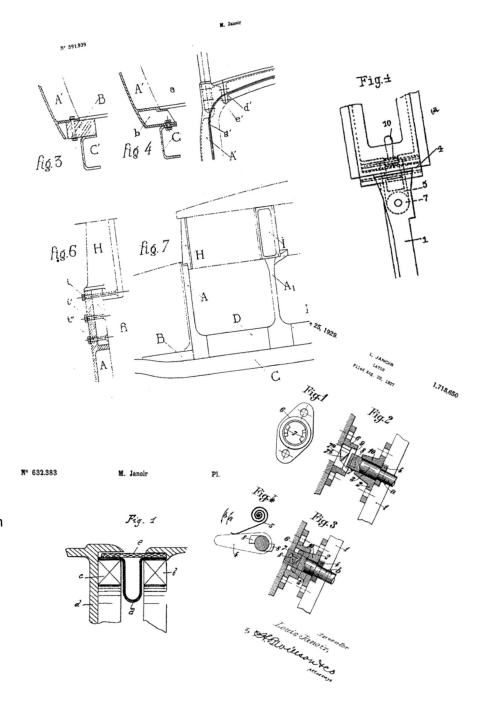

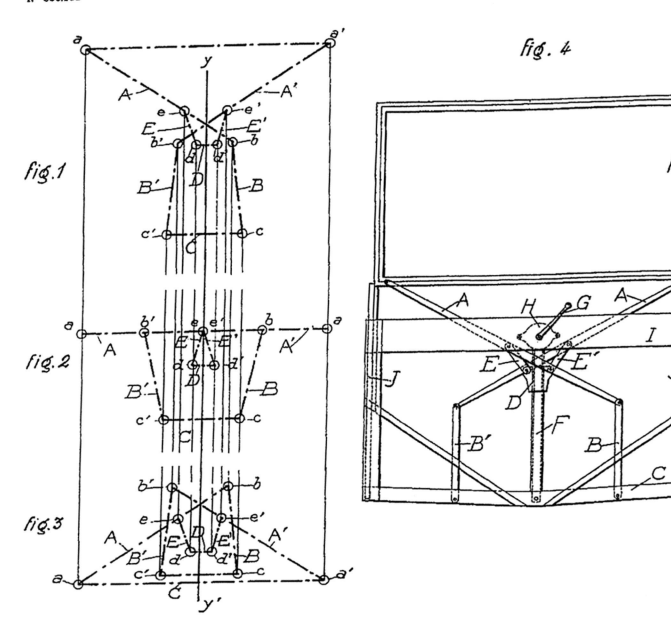

fig. 4

fig.1

fig.2

fig.3

LE MOTEUR DELAGE DI 5.....
QUELQUES PHOTOS D'UNE
RESTAURATION

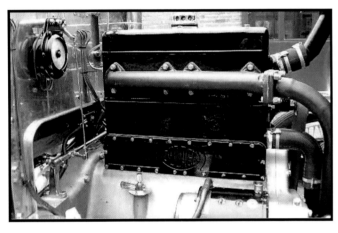

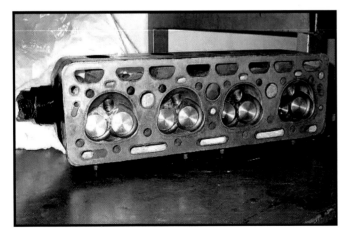

  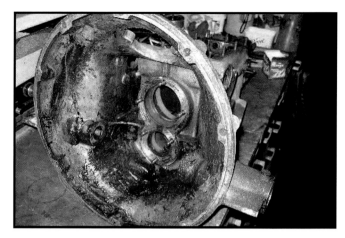

 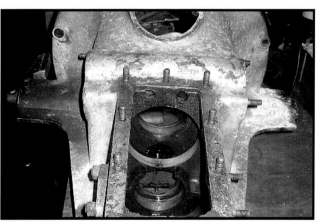 

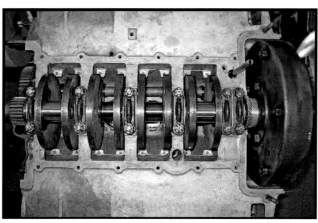

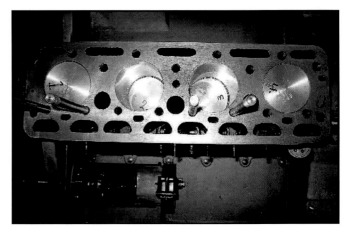

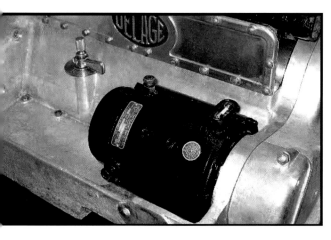

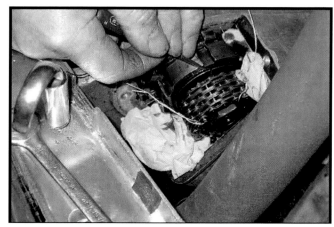

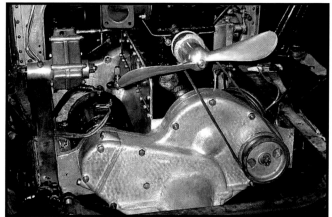

  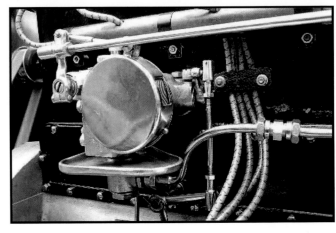

  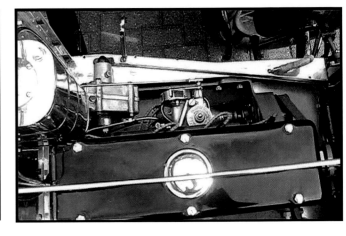

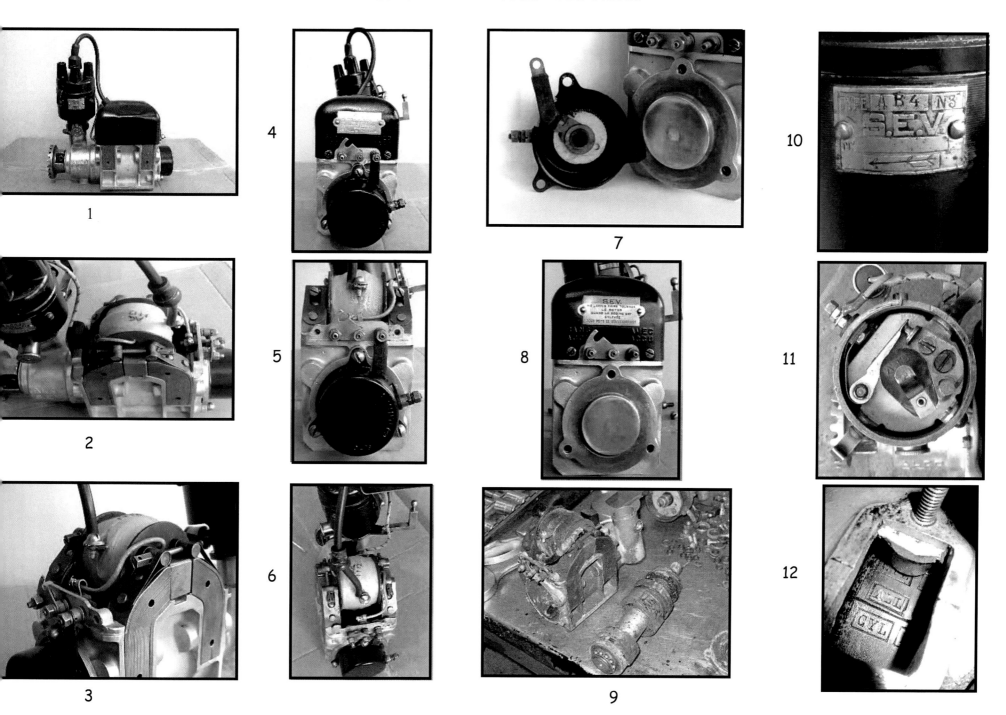

1

2

3

4

5

6

7

8

9

10

11

12

Le lévrier...la mascotte Delage

Delage n'a jamais eu une mascotte officiellement reconnue. En France la maison donna son aval à l'utilisation d'une gazelle dans les années 20, ainsi que d'un lévrier. En Angleterre en 1928 un lévrier art déco figure dans la publicité du concessionnaire londonien, J.Smith & Co comme la mascotte maison au prix de £3 17s 6d. Ce fut la copie d'un bronze de Casimir Brau, connu pour ses sculptures animalières. Il est dit que sa panthère ait inspiré la mascotte adoptée par Jaguar!

Delage
Greyhound
Mascot
£3 · 17 · 6

DELAGE

Remerciements et note de l'auteur

ard Hartmann - La Coupe Schneider & Les Hydravions Deperdussin.

b Sieger - Early Birds.

ier Lecoq - Aeroplane de Touraine.

iel Dupont - Moto-Histo -   (tous sont des experts de l'aviation, auteurs et propriétaires de sites web qui ont apportés leur aides à titre personnelle)

t and Present - Vintage Photographs - propriétaires de la Gilbert Collection, qui ont autorisé l'utilisation des photographies russes.

iel Cabart - Collection photographiques

e Worthington-Williams

nger & Cie.European

Vie de l' Auto.

age UK. Register.

rges Michon, Oloron, France.

p van Wijk, Wijk en Aalburg, Pays Bas.

s Koster, motocyclette Janoir.

isties Auctioneers. Christies Images Ltd. 1999 - Catalogue de vente.

iety of Automobile Historians and members.

e Smallwood.

s Vervloet - The Belgian Connection

Jean-Paul Tissot - Delahaye

Smithsonian Institution - Rol & Cie :

Bureau des Brevets Européens

Peter Jacobs,

Patrick Delage & Les Amis de Delage.

André Dufau, Anglet, France.

Dick Ploeg, Pays Bas..

Monique Janoir et Muriel Janoir Bessioud, Paris - La Collection Janoir.

Flight Magazine - Flight Archives.

Philip Kantor

Cliché Musée de l'Air.

Françoise Vanaret - Artist L'Age d'Or de la Carrosserie Française.